雑談の一流、二流、三流

桐生 稔

明日香出版社

はじめに

◆私は左遷されました

高校での成績は常にクラスで1位。生徒会長でスポーツも万能でした。
比較的、自分のことを優秀だと思っていたタイプの人間です。
そんな私は新卒入社3カ月で左遷されました。
なぜ左遷されたか。それは営業成績がドベだったからです。
私は見込み顧客へのアポイント電話ができませんでした。
断られるのがイヤだったからです。
上司と同行営業するのが大の苦手でした。
自分のトークを聞かれるのが苦痛だったからです。

自分のことばかり気にして、行動できない私は当然売上ゼロ……。

入社3カ月で「来週から地方ね」と宣告されました。

◆私はナンバーワンになりました

地方に行ってからは、飛び込み営業を課されました。

飛び込み営業は、ほとんどが門前払い。時にクレームになることもあり、私はほとほとイヤになりました。

だから私は、既存の顧客だけを回るようにしたのです。

まず、毎朝7時に1軒目に訪問し、5分ほど担当者とたわいもない話をします。

8時には別の会社へ。そこでもちょっとした話を担当者とする。

そして9時にはまた別の会社で……。

これを毎日ひたすら続けていました。

ただそれだけなのに、な、なんと既存の顧客からジャンジャン紹介が入るようになったのです。

1年後、気づけば私はエリアマネジャーになっていました。

そして地方に飛ばされて2年。

私のエリアは、全国1200店舗中、売上達成率ナンバーワンを実現しました。

◆私はコミュニケーションを教える講師になりました

数年後、人材派遣の会社を退社し、まったく畑違いの音楽スクールに受付スタッフとして入社しました。

音楽スクールには何百人もの講師がいます。

いつも控室ではその講師たちと、たわいもない話でケタケタ笑って盛り上がっていました。

しかし、私は音楽のことはズブの素人です。

だから、講師と音楽の話をしたことはありません。

そんな私は、入社して3年後に事業部長になっていました。

そして2017年、モチベーション&コミュニケーションを設立。

もともと他人には興味がなく、自分のことばかり気にしていた超ビビリな私が、今やコミュニケーションのスクールを創業し、全国35都道府県で事業を展開しています。

人生はどう転ぶかわかりません。


説明がうまい人が売れる。専門知識と技術がある人が出世する……現実はそうではないです。

良い商品がヒットするとも限らないし、カッコイイ人がモテるとも限りません。

人の心を動かすのは、「どんなことを伝えるか?」より「相手とどんな関係性にあるか?」です。

その関係性を作るのが、まさに本テーマ「雑談」です。


雑談は、「雑=とりとめもない」「談=話」と書きます。

しかし、なぜ「雑話」と書かないのでしょうか?

雑談の「談」は、言うに炎と書きます。

つまり話すことで、関係性に火を灯していくことを意味しています。

関係性を築く方法は、人間の心理に基づいた決まったパターンが存在します。
しかも一流と言われる人は、成功パターンを明確に摑んでいます。

本書では、全国3万人が受講した私のコミュニケーションスクールのメソッドを使用して、雑談を使った人間関係を深めるトーク術を展開していきます。

本書をお読みいただければ、「なぜ人間関係がうまくいかなかったのか？」その理由が明確にわかるはずです。

そして一つでも実践していただければ、きっとこれまで味わったこともない良好な人間関係を手に入れることができます。

日々の雑談があなたの人生を変える起爆剤になることを願い、さっそく本書をスタートしていきます。

ぜひ、気になるところから読み進めてみてください。

桐生 稔

雑談の一流、二流、三流　もくじ

Chapter 2
話の広げ方

Chapter 3
聞き方とリアクション

Chapter 4 雑談の盛り上げ方

Chapter 5 相手の懐に入る方法

Chapter 6 好印象の残し方

Chapter
7 雑談がうまい人の心構え

カバーデザイン：小口翔平（ｔｏｂｕｆｕｎｅ）
カバーイラスト：山崎真理子

Chapter 1

雑談のはじめ方

最初のひと言

三流は、「今日は暑いですね」からはじまり、二流は、「30℃を超えるそうですよ」からはじまり、一流は、何からはじめる？

こんな経験はありませんか？

自分「今日は暑いですね」
相手「そうですね。暑いですね……」（沈黙）

自分「今日は暑いですね。30℃を超えるそうですよ」
相手「30℃ですか。どおりで暑いと思った」
自分「ですよね……」（沈黙）

話しはじめてすぐに沈黙が生まれる会話と、自然に続く会話。一流の人の会話は、もちろん後者ですが、いったい何を意識して会話をはじめているのでしょうか？

実は明確なポイントがあります。

これを解決する前に、一つ質問に答えてください。

人間が一番興味があるのは、誰だと思いますか？　大好きなアイドルでしょうか？　それとも気になっている同級生でしょうか？

違いますよね。一番意識しているのは「自分」だと思います。

例えば、修学旅行の集合写真。パッと見て、好きな女の子と自分の顔。どっちの顔を探すのが速いでしょうか？

きっと自分の顔を発見するほうが速いですよね。

自己紹介と他己紹介。どっちがうまくできるでしょうか？

きっと自己紹介だと思います。自分のことが一番よくわかっているからです。

人間は自分のことを一番意識している。そして自分のことが一番話しやすい。むしろ話したいと思っている。一流の人は、そこを明確に理解しています。

一流の人の会話をひも解くと、必ず会話の主題が相手にあることに気づきます。

こんな会話です。

「今日は暑いですね。今日は30℃を超えるそうですよ。夏バテとか平気ですか？」
「今日は本当に暑いですね。ちょっとクーラー効きすぎですかね？ 大丈夫ですか？」
「今日は暑さがすごいですね。しかし○○さんって夏男って感じですよね。夏はお好きですか？」

このように**話題の矢印を必ず相手に向けて、相手が話しやすいテーマを設定しています。**

あなたの周りに、「あの人と話していると、気づいたら会話が続いてる～」って思う人、いませんか？

もしいれば、ぜひ会話に注目してみてください。必ずテーマがあなたに向いているはずです。

Road to Executive

一流は、相手に焦点を当てることからはじめる

☑ 相手が話題の中心になるように話を振る

ファーストコンタクト

三流は、話しかけられるのを待ち、二流は、先に話しはじめ、一流は、先に何をする？

刑事ドラマを観ていると、捜査官が犯人と交渉するシーンがよく出てきます。このとき、刑事は「質問」を使って交渉を進めていきます。質問することで、回答を引き出し、徐々に犯人を追いつめていくのです。

普通のドラマでも、よく脇役が主人公に向かって、「最近どうよ？」と質問を投げかけるシーンがあります。

主人公が質問に答えることで、主人公にスポットライトが当たっていきます。

人間は質問されると答えてしまいます。

例えば、「今日のランチは何食べたの？」と聞かれれば、瞬間的に今日のランチのシーンを思い出します。

学校の授業では、先生に「2＋2は何ですか？」と質問されたら、それに答える。

我々は質問されて、それに答える習慣の中で生きています。


一流はこの習慣を明確に理解しています。

上手に質問を使って、相手から会話を引き出し、会話をリードしています。

実は会話の主導権を握っているのは、話している側ではなく、質問をしている側なのです。


私の前職の上司は、全国ナンバーワンのトップセールスマンでした。

その上司と営業で同行したとき、

「社長、こんにちは！ 社長、最近ソファー変えられたんですか？」

「所長、ご無沙汰しております！ しかし焼けてますね〜？ ゴルフですか？」

と必ず先手を取って質問するのです。

以前、大手生命保険会社のトップセールスマンと交流会を開催したことがありました。その方は出席者全員に、「いらっしゃい〜！　元気？」と必ず声をかけます。質問することで会話の主導権を握っていました。


シリコンバレーの偉大なコーチ、ビル・キャンベルをご存知でしょうか？

アップルの元ＣＥＯ　スティーブ・ジョブスやグーグルの元ＣＥＯ　エリック・シュミットの師と言われる方で、『１兆ドルコーチ』（ダイヤモンド社）という本が大変有名になりました。

ビル・キャンベルは、コーチングをするときに必ず、

「How are you? What are you working?（調子はどう？　今何に取り組んでいるんだい？）」という質問から入るそうです。


質問をして先手を取る。質問された人は必ず答える。

このシンプルな法則を一流は徹底しているのです。

Road to Executive

一流は、質問をする

☑ 相手が話しやすいように会話を導く

出会いがしらの挨拶

三流は、挨拶だけで終了し、二流は、挨拶にひと言つけ加え、一流は、どうする？

挨拶から雑談がはじまるケースもよくあります。

例えば、出社した直後、上司に朝の挨拶をする。会社に向かう電車の中でばったり同僚に会って挨拶をする。はじめましてのお客様に挨拶する。

このときに、「おはようございます」だけで終わってしまうと、会話が続きません。そこで、「挨拶にひと言つけ加える」という方法が、いろんな本やセミナーで奨励されています。例えば、

・上司との挨拶　「おはようございます。昨日は遅くまでありがとうございました」
・同僚との挨拶　「おはよう！　昨日の飲み会楽しかったね」
・お客様との挨拶　「はじめまして。お会いできて光栄です」

というように、挨拶にワンワードプラスします。確かにこれも悪くないと思います。しかし、

「おはようございます。昨日は遅くまでありがとうございました」↓「ありがとね」沈黙……。

「おはよう！　昨日の飲み会楽しかったね」↓「楽しかったね……」（沈黙）

「はじめまして、お会いできて光栄です」↓「こちらこそ……」（沈黙）

と、そのあとが続かないケースがよくあります。

自然に会話をスタートするには、挨拶にも仕掛けが必要です。その仕掛けとは、**「ツープラス」です。挨拶にもうふた言追加するのです。**

「おはようございます。（挨拶）　昨日は遅くまでありがとうございました。（ひと言）　しかし部長、本当にタフですね。（ふた言）」

「おはよう！（挨拶）　昨日の飲み会楽しかったね。（ひと言）　アレははしゃぎすぎでしょ。（ふた言）」

「はじめまして。（挨拶）　お会いできて光栄です。（ひと言）　噂はかねがねお聞きしてお

ります（ふた言）」

挨拶にワンワードプラスするのではなく、ツーワードプラスしていきます。

挨拶の次に空白のボックスが二つあり、必ず二つ埋めないといけないというように考えてみましょう。

挨拶＋①□＋②□

「久しぶり！　①元気だった？②何年ぶり？」

「こんにちは。①いつも元気ですね。②私も見習わなきゃ」

「よ！①元気？②最近、忙しい？」

みたいに、話のネタを入れます。

ボックスに何を入れるかは自由ですが、入れた内容によって次の話の展開が生まれます。

一流は先手を取るのが上手です。先手とは先に話しやすい空気を作ることです。

挨拶は雑談の一番はじめ。会話のエンジンをかけるかのように、挨拶にもうふた言追加して会話をスタートさせてみてください。

Road to Executive

一流は、挨拶にツープラスする

☑ 最初の挨拶から
雑談をなめらかにスタートさせる

話題がないとき

三流は、あたふたネタを探し、二流は、木戸に立てかけし衣食住から探し、一流は、何から探す?

はじめましての人とお話しするとき、「最初に何を話したらいいかわからない……」と困ることがありますよね。また、毎日話している上司でも、ばったりエレベーターで会ったら、「話すことがない……」と気まずい空気になることもあります。

よく雑談ネタで紹介されるもので、「木戸に立てかけし衣食住=きどにたてかけしいしょくじゅう」というものがあります。

き=季節、ど=道楽、に=ニュース、た=旅、て=天気、か=家族、け=健康、し=仕事、い=衣料、しょく=食事、じゅう=住居、を話題にすると話が広がるという内容です。

しかし、毎回、今日は季節、今日は道楽、今日はニュース、今日は旅について……なんてネタを探していたら大変ですよね。しかもネタの種類が多すぎて覚えられません。

一流と言われる人は常に王道です。王道とは、**「誰もが絶対に興味があるネタからはじめる」**ということです。

ニュースの話を振られても、その話を知らない人もいるでしょう。旅の話を振っても、「私、あまり旅行とかは行かないんで」という人もいます。天気の話をしても、毎回天気の話では飽きられます。

では、「誰もが絶対に興味があるネタ」とはなんでしょうか？

それは人間が毎日する5つのことです。

1：食べること　2：動くこと　3：働くこと　4：お金を使うこと　5：寝ること

何か事情があって、まったくしないときもあるかもしれませんが、基本的には1～5は毎日行う行為です。人間が毎日やっていることは人間にとって大事なことです。大事なことは誰でも興味があります。興味があることを話題にすれば、どんな人とも話が展開しやすくなります。

会社にいく途中、バッタリ上司に会ったら、1～5の王道ネタで、各方面に話題を展開していくことが可能です。

1：食べること……「最近忙しそうですけど、お昼とか食べている時間あるんですか？」「最近どの辺りでお昼食べているんですか？」

2：動くこと……「最近運動とかされています？　私はまったくしていなくて～」「○○さんって毎日何時に起きているんですか？」

3：働くこと……「最近仕事終わるの遅いみたいですね～」「今、一番時間を使っている業務って何ですか？」

4：お金を使うこと……「私全然お金が貯まらないんですけど、○○さんは何かされていますか？」「最近、自己投資とか趣味とかされています？」

5：寝ること……「最近睡眠は取れています？」「結構寝つきがいいほうですか？」「お休みの日は、しっかり休息を取れてます？」

話すネタをたくさん用意してマシンガントークのように話す人と、自分に興味があることを話題にしてくれる人では、どちらが話しやすいでしょうか？　雑談はあくまでも相手との心地よい空間を作ることが目的です。

話す中身よりも、**話しているときの「心地よさ」を作り出すのが一流です。**

Road to Executive

一流は、「毎日すること」から探す

☑ 人間が毎日実施している５つのことをテーマに話す

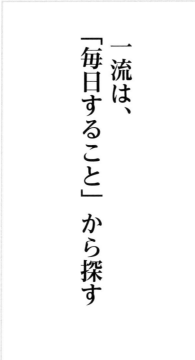

雑談前の準備

三流は、何も準備せず、
二流は、雑談ネタを準備し、
一流は、何を準備する？

あなたの周りには話しかけやすい人、話しかけにくい人、2種類の人が存在しませんか？

その違いをひも解くのに、１９９４年にアメリカで公開された『マスク』という映画が大変参考になります。主演のジム・キャリーを一躍スターにしたコメディ映画です。

ジム・キャリーがマスクをつけたときの豊かな表情が、劇場に爆笑をもたらしました。人は表情一つで人を笑わせたり、元気にすることができるのです。

豊かな表情と言えば、日本ではディズニーランドの「ミッキーマウス」です。ディズニーランドは連日大行列で、ミッキーマウスの周りは常に人だかりで溢れています。もしミッキーマウスがしかめっ面をしていたり、怖そうな顔をしていたら、人だかりはできません。

以前、行きつけのカフェに大人気の女性の店員さんがいました。他にも店員さんがいるのに、なぜかお客さんはその店員さんだけに話しかけます。

「なぜあの店員さんだけが話しかけられるのだろう?」と、不思議に思った私は店員さんを観察しました。

すると、わかりました。その答えが、店員さんの「一瞬の表情」にあることを。

店員さんは、お客さんが入ってくるなり、「またお越しいただけたのですね。とってもうれしいです!」という気持ちを、**言葉を使わずに表情だけで表す**のです。

しかも、お客さんが入ってきて目が合ったその一瞬で。


例えるなら、同窓会に参加して20年ぶりに友人と再開したときの、「あ! 久しぶり〜! 元気だった〜!」のときの表情です。

目がパッと開いて、口角がグッと上がり、「お会いできてうれしい!」という表情を、会った瞬間、ゼロコンマ何秒で作り出すのです。

そんな表情をされたら、その瞬間に大ファンになります。


誰かと会うときに、一番どこを見るか?

それは間違いなく表情でしょう。

人間は表情を見て、一瞬で「この人話しやすそう」「話しにくそう」ということをジャッジします。いくら話すネタをたくさん持っていたとしても、相手の心を閉ざしてしまっては、会話は続きません。

たくさん経験し、自己研鑽された人は、**常に、「相手がどんな表情を見たいか?」を探求しています。**

表情に意識を研ぎ澄まし、「あなたにお会いできてうれしい!」という気持ちを、表情だけで表せるのが一流の技です。

Road to Executive

一流は、
相手が心地よく話せるような
「表情」を準備する

☑ 「会えてうれしい！」を顔で表現する

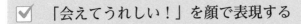

名前の覚え方

三流は、相手の名前を忘れ、二流は、名前に意味を持たせ、一流は、どうやって覚える？

昔会ったのに名前が思い出せない……。顔と名前が一致しない……。こういった経験は、皆さんにもありますよね。相手の名前が思い出せないほど、気まずいことはありません。

人間が記憶しやすいものの一つに、「意味づけ」という方法があります。例えば、「松川さん」という方とお会いしたら、「松の木が川のように流れる」みたいに意味を持たせたり、その方と会話した内容を名前と一緒に記録するなどの方法です。しかし、毎回名前に意味を持たせるのは大変です。

そこで、すぐにできて、且つ記憶に残りやすい方法を教えます。それは昔から皆さんがやっている行為、「反復」です。**名前を繰り返し呼んで覚える**、というやり方です。

人間は繰り返すことで記憶を定着させます。例えばかけ算の九九がいい例です。あれだけ何度も繰り返したおかげで、九九を忘れる人はいないと思います。

私には47都道府県を10秒で言えるという特技があります。これは小学校の社会の授業で都道府県を何度も復唱したからです。

自分の名前もそうです。自分の名前を書けない人はいませんね。それは反復して読み書きしてきたからです。檸檬（レモン）という漢字も、今は書けなくても何度か書いたらきっと書けるようになります。

では、反復を名前の記憶に応用するとどうなるでしょう？

それは**「会話の中で繰り返しその人の名前を呼ぶ」**ということです。例えば、

「田中さんですね。はじめまして。田中さんはどちらのご出身ですか？」

「へ～そうなんですか。田中さんは寒い季節はお強いですか？」

「田中さんはどんなお仕事をされていらっしゃるんですか？」

「そうですか～。田中さんのような方がいらっしゃると会社もさぞかし明るいでしょう」

「今日は田中さんとお話できてうれしかったです」

のように名前を連呼する。これが記憶に残る反復作業になります。

達人レベルになると、お会いしたあとのメールでも、

「田中様、本日はお時間をいただきありがとうございました。田中様とお話しできてとっても楽しかったです。田中様のお話は本当に刺激的で、時間があっという間に過ぎてしまいました。また田中様とお会いしたいです」

ちょっと極端に書きましたが、このように反復して名前を記憶に残していきます。

エビングハウスの忘却曲線はご存知でしょうか？　人は時間が経つにつれ、どんどん忘れていく。逆にすぐに反復すると記憶の定着率が飛躍的に伸びるというものです。

名前もすぐに反復すると覚えやすいです。会話におけるすぐにとはいつか？　それはまぎれもなく会話の最中です。

一流は名前の重さを知っています。名前を忘れられたとき、承認欲求がどれだけ下がるか、どれだけ自己否定されたようなイヤな気持ちになるか、そこを重々承知しています。

ぜひ、記憶術の王道「反復」を通じて、その人の名前を脳内に刻み込んでください。

Road to Executive

一流は、相手の名前を反復して覚える

名前を聞いたら、その場で何度も
口に出すことで記憶に定着させる

Chapter 2

話の広げ方

雑談上手

三流は、話し上手を目指し、二流は、聞き上手を目指し、一流は、何上手を目指す？

世の中には、物知り、博識、雑学王など、話すネタをいっぱい持っている人がいます。とくに「○○マニア」という人は、その分野の話になると話が止まりません。しかし、そういったマシンガントークからは、快適な会話の空間が生まれません。

では、話すことではなく、聞くことに徹すればいいのか？ それも違います。うんうん頷いて、話を聞いているだけだと、「この人ホントに聞いているの？」って疑われることもあります。よく夫婦喧嘩で「ねえ～！ ちゃんと話聞いてるの！」「聞いてるよ！」みたいなバトルは、こういったときに起こります。

では、何上手を目指すべきか？ それは……話させ上手です。

よく友人と会話をしていて、あっという間に時が過ぎていることはありませんか？　きっとその友人は話させるのが上手なはずです。

人間は聞いている時間よりも、話している時間のほうが、あっという間に過ぎるのです。

いかに相手が話したくなるような空間を作るか、ここが最大の腕の見せ所です。

それを実現するには、一流が使っている「接続詞」に注目してください。

「〇〇さんってテニス10年もやられているんですか？　ということは（接続詞）、学生時代からずっとテニスをやられているんですか？」

「そうすると（接続詞）、健康には結構気をつけているタイプですか？」

「ちなみに（接続詞）、他にも体を動かすことやられているんですか？」

「ということは」「そうすると」「ちなみに」、これらはすべて話を進める接続詞です。

「最近全然休みがなくて〜」と言われたときに、「へ〜そうなんですか」と、頷いて聞いているだけだと会話は終了します。そこで、

「全然休んでないいんですね〜。相当忙しそうですね。ちなみにどのくらい休んでないいん

ですか？」

「もう7連勤ですよ〜」

「そうなんですか〜。ということはあまり寝てないんじゃないですか？」

「そうなんですよ〜。あまり寝てなくて〜」

「そうすると、お子さんともあまり遊べてなかったりするんじゃないですか？」

「そうそう、全然遊んでなくて〜」


みたいに、話を進める接続詞を使って、どんどん会話を引き出していきます。

これを続けていると、「今日はすみません。私ばかり話しちゃって」と言われることが多々あります。しかし、これでいいのです。人間は話したい生き物です。聞いてほしいという欲求があるのです。欲求が満たされた空間は、相手にとって最高に快適な空間です。そんな空間を提供してくれた人とは、また話したいと思うのが必然です。

一流は聞くのもうまいですが、話させることが超絶にうまいです。上手に接続詞を使って、どんどん会話を引き出します。そして「またこの人と会いたい」という気持ちを醸成させているのです。

Road to Executive

一流は、話させ上手を目指す

☑ 接続詞を使って、
相手から自然に会話を引き出す

ネタの収集

三流は、ネタを収集せず、
二流は、ネタを事前に収集し、
一流は、どうする？

いざ雑談がはじまってもネタが尽きて「何を話そう」「さっきもその話をしたしな」と、会話に困ることもあると思います。

そこで事前に雑談ネタを仕込んでおく方法もあります。雑誌やネットで最新の情報をチェックして情報をストックしておけば、話せるネタは増えるかもしれません。しかし、用意されたネタを出されても、唐突すぎて相手が違和感を覚えるかもしれませんし、常に情報をストックしておくのも大変です。

やはり、その場に合わせた最適なネタで会話が弾んでいくのがベストですよね。

そんなときに使えるのが**「ネタ連想法」**です。

例えば、「今気になっていること」をテーマに連想してみましょう。

「今気になっていること」と言えば、「話し方」。

「話し方」と言えば、「落語家」「政治家」「お笑い芸人」……。

この中から一つピックアップして、「落語家」と言えば、「千原ジュニアさんの落語がおもしろい」「桂枝雀さんのうどんの食べ方は芸術」「落語家ではないが神田伯山さんの話力はすごすぎる」……。

さらに一つピックアップして、「千原ジュニアさん」と言えば、「お笑い芸人」「吉本興業」「兄弟」「大喜利」……。

このように**「〇〇と言えば」を使うと、いくらでもキーワードが出てきます。**

この「〇〇と言えば」を雑談に応用するとどうなるか？
例えばあなたが、「最近ダイエットしててさ〜」と言われたとします。
あなた「ダイエットと言えば、今、流行りのダイエットってあるの？」
相手「炭水化物を抜くのが流行っているよ」
あなた「炭水化物と言えばどんなもの？」
相手「ご飯とかパンとか」

あなた「パンと言えば小麦だよね。うどんとか麺もそう？」
相手「そうだよ」
あなた「小麦と言えば結構食べるシチュエーションあるよね？」
相手「そうなんだよ。結構あるから大変で……」

わかりやすく「○○と言えば」を連発しましたが、「ダイエット→炭水化物→パン→小麦→シチュエーション」というように、**「一つの情報から話を拡散していくことが可能」**ということです。

ロジカルシンキングで言うロジックツリーです。

一つの情報から、違う情報が現れ、その情報からまた違う情報が現れる。このように連想していくことで、話のネタは尽きることがありません。

「○○と言えば？」と質問されると相手も話しやすく、雑談はスムーズに広がっていきます。ぜひネタ連想法を使って、その場の状況に合わせた最適なネタで会話を広げてみてください。

Road to Executive

一流は、その場でネタを拡散させる

☑ ネタ連想法を使って
無限に会話を作り出す

質問の質

三流は、深く考えないと答えられない質問をし、二流は、アバウトな質問をし、一流は、どんな質問をする？

「はじめに」でも述べた通り、雑談とは「雑＝とりとめもない」「談＝話」と書きます。「談」は言うに炎。話すことで会話に火を灯していくことを意味します。

つまり、会話の中身よりも、話しているときの「心地よさ」「温かさ」「盛り上がり」を通じて人間関係を深めていくスキルです。

では、逆に「心地よくない空間」とは、どういった空間でしょう？

人間の脳は、考えると強烈に脳内エネルギーを消費します。皆さんも、テストで難題を解くときや、仕事で解決策が見えないとき、相当頭を使いませんか？

「頭を悩ます」という言葉がある通り、深く考えれば考えるほど、人間の脳は疲弊していきます。つまり、相手に深く考えさせるような質問を連発すると、相手の脳はフリーズし、心地悪さを感じて会話が止まってしまうのです。
一流はそこを明確に理解しています。
ですから、常に即答できるような「具体的な質問」を投げかけます。
例えば、

①「最近忙しいですか？」という質問よりも、「最近土日はお休み取れてますか？」
②「趣味はありますか？」という質問よりも、「休日によくやっていることってありますか？」
③「何か体に気をつけていることありますか？」という質問よりも、「最近、ジムとか行っていますか？」
④「今夜何食べましょうか？」という質問よりも、「今日の気分としては、サッパリした魚系ですか？ ガッツリ肉系ですか？」
⑤「最近何か勉強していますか？」という質問よりも、「最近何か本を読みましたか？」

というように、アバウトな質問ではなくて具体的な質問をします。

よく、次回の打ち合わせを決めるときに、「次回の打ち合わせの候補日をお知らせください」と言われることがあります。

自分の全スケジュールを見て、空いてるところを探して、三つくらい候補日を探して相手に投げないといけないので相当疲れます。

それよりも、「次回の打ち合わせですが、次の三つのうち、都合のいい日程はございますか？」と、具体的に示してもらったほうが選択するだけなので楽です。

一番いいのは、**相手が「考えなくても反応レベルで答えられる」質問です。**

アバウトな質問には、答えるために考えなくてはいけないため、脳疲労を起こして居心地が悪くなります。

会話が広がらない、沈黙が続くというときは、投げかけている質問をもう一段ブレイクダウンして、具体的な質問に変換してみてください。

Road to Executive

一流は、「具体的な質問」をする

☑ あまり考えなくても
答えられるような質問をする

質問のボキャブラリー

三流は、うまく質問ができず、
二流は、ひたすら質問し続け、
一流は、どのように質問をする？

ただのおしゃべりさんよりも、自分に興味を持って質問してくれる人のほうが好感が持たれます。雑談には質問が欠かせません。

そうは言っても、「昨日は何されていたんですか？」「お休みの日は何されているんですか？」「仕事は何ですか？」「お住まいはどちらですか？」などと質問攻めされたら、それは質問ではなく尋問になってしまいます。そこで、質問の種類を使い分けて、スマートに雑談を進めます。質問の種類は主に三つです。

1：会話を「深める」質問
2：会話を「広げる」質問
3：会話を「進める」質問

一つ目、会話を「深める」質問とは、「なぜ？」という質問です。

相手「最近筋トレはじめたんですよね〜」
あなた「そうなんですか。健康的でいいですね！　なぜはじめられたんですか？」
相手「いや〜実は最近メタボ気味で〜」

のように、『なぜ』という質問によって話が奥に深まっていきます。

二つ目の会話を「広げる」質問とは、「他には？」という質問です。

相手「最近筋トレはじめたんですよね〜」
あなた「そうなんですか。体を動かすのはいいことですよね！　他にも何かされているんですか？」
相手「最近はできるだけ階段を使うようにしていて〜」

のように、『他に』という質問で話が横に広がっていきます。

三つ目、会話を「進める」質問とは、「それで」「それから」という質問です。

相手「最近筋トレはじめたんですよね〜」

あなた「そうなんですか！　私は全然やってなくて……。それでどんなことをされているんですか？」

相手「腹筋とスクワットを週に3回実施するようになりまして〜」

のように、『それで』という質問で話を先に進めていきます。

よく、「最近彼氏とケンカしたの……」→「そうなんだ……。大変だね。それで？」→「彼って最悪なの！　この間も〜」→「それから？」という使い方をします。

変に忠告するよりも、「それで？」「それから？」という質問で、**相手が話したいことをどんどん引き出してあげるのです。**

一流のゴルファーは、ドライバー、アイアン、パター、ウェッジ、その場に応じて使いこなします。一流の料理人も、出刃包丁、むき物包丁、刺身包丁、中華包丁、何でも使いこなします。

一流の雑談も一緒です。その場に応じて、質問を使いこなし、相手が心地よく話せる空間を提供するのが一流の会話術と言えます。

Road to Executive

一流は、相手が話したくなるように質問をする

☑ 質問のパターンをいくつも持っておく

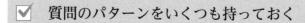

話が止まったとき

三流は、黙りこみ、二流は、無理やり話題を探し、一流は、どうする？

2、3分会話が続いても、そのあと会話が止まってしまう、なんてことありますよね。あの沈黙時間は耐え難いものがあります。皆さんは、沈黙ができたらどうしますか？無理に話題を探そうとアタフタすると、「この人、必死に話題を探している」「私といても楽しくないんだ」と思わせてしまうかもしれません。

雑談は心地よさが大事。相手を不安にさせてはいけません。

沈黙になりそうなとき、一流が使っている話法があります。

それが「踏襲《とうしゅう》話法」です。踏襲話法とは、文字通り、前の話を受け継ぐやり方です。

話が止まったら、無理に新しい話題を見つけるのではなくて、前の話から自然につなげる方法です。

枕詞は、「そうそう、その話で思い出したけど」「そういえば」「それで言うと」などを使って、前の会話から次の展開に話題を広げます。

例えば、

「うちの部署は最近忙しくて……」↓「そうなんだ……」（沈黙）

これでは話が終わってしまいます。

沈黙になったら、踏襲話法を使っていきます。

「うちの部署は最近忙しくて……」↓「そうなんだ……」

↓「そうそううちの部署で言うと、最近若い子増えて教育が結構大変なんだよね～。

○○さんのところはどう？」

「そうそう」「○○で言うと」みたいに、前の会話からつなげることで、新たな展開を作り出します。

「先日熱海に旅行に行ったんだ〜」↓「そうなんだ。それはいいね」
↓「そうそう旅行で思い出したけど、旅行行くときって有休使ってるの？」

「私人材派遣の会社に勤めております」↓「へ〜そうなんですね」
↓「人材派遣の会社にお勤めなんですね。それでしたら、結構人に会われることが多いんですよね？」

多少文脈に整合性がないかもしれませんが、**雑談は話の内容に合理性があることよりも、話しやすい空気があるか、心地よく広がっていくかのほうが重要です。そこが生命線と言っても過言ではありません。**

沈黙時に便利な、「そうそう、その話で思い出したけど」「そういえば」「それで言うと」「ということは」などの前の話を踏襲するワードを使って、ぜひ自然に話題をつなげてみてください。

沈黙すらも武器にする。これが一流の話法です。

Road to Executive

一流は、踏襲話法で話をつなげる

前の話からつなげて
新たな話題を展開する

会話が膨らむほめ方

三流は、ほめたら話が終わり、
二流は、ほめまくって話を膨らまそうとし、
一流は、どのように話を膨らますのか？

ほめることは大切ですが、「そのネクタイ素敵ですね」「スーツもお似合いですね」「笑顔が素敵ですね」と、表面だけやたらとほめられても、何か薄っぺらい感じがします。また、普段よくほめられるところをほめられても、あまり刺激がなく、会話が止まってしまうこともあります。

しかしここで、もう一つ工夫すると、さらに会話を膨らませることが可能です。

それが「ほめポイント＋ワンポイント」というやり方です。**普通にほめることに、もう一つ要素を加えることで、相手から会話を引き出す話法です。**

「○○さん、ジャケットお似合いですね」だと普通です。

これに、ほめポイント＋ワンポイントを使うと、

「○○さん、ジャケットお似合いですね。ジャケットはいつもオーダーメイドですか?」となります。いつものほめるポイントに、もう一つ要素を加えるということです。

すると、「いやいや全然。安モノですよ〜」とか「ぜ〜んぜん。妻が勝手に選んでいるんですよ〜」みたいな展開になっていきます。

そうすれば、「奥様も相当センスがいいですね! 一緒に買いに行かれているんですか?」みたいにまた会話が進みます。

例えば最近、短髪にされた人に対して、「○○さん髪切られたんですね。短髪似合いますね」では普通です。

ほめポイント+ワンポイントを使って、もう一つ要素を加えます。

「○○さん髪切られたんですね。短髪似合いますね。○○さん細身だからメチャメチャ爽やかに見えますね」

すると、「そう? 爽やかに見えるかな〜?」とか、「いや〜、実は細身に見えてお腹は出てきてるんだよね〜」と、話が展開していく流れが生まれます。

先日、ある企業の研修後に、担当者から、「桐生さんっていつも明るいですよね。何か秘訣があるんですか?」と聞かれました。

私は「いや～凹むことばっかりですよ～。自宅にいるときなんかは超根暗ですからね（笑）」と答えました。

すると、「根暗ですか（笑）。まったく見えないですね。根暗に見せないテクニックがあるんですか?」と聞かれ、

「ありますよ。それは……」

みたいな感じで、気づいたら気持ちよくペラペラしゃべっていました。

この担当者は相当なすご腕だと思います。

ただ「明るいですね」ではなく、そこに「何か秘訣があるんですか?」ともう一つ加える。

すると相手は、**「上辺だけではなくて、本当に興味を持って接してくれている」と感じます。**

一流は、「ほめポイント＋ワンポイント」というやり方で、新たな会話を引き出します。

ぜひ、「ほめポイント＋○」この○に言葉を入れる練習をして、相手からさらに会話を引き出してみてください。

Road to Executive

一流は、ほめポイント＋ワンポイントで話を膨らませる

気持ち良くしゃべってもらえるように
もう一歩踏み込む

ほめるところ

三流は、ほめるところを見つけられず、二流は、ほめるところを無理やり探し、一流は、何をほめる？

どうしてもほめるところが見つからない……そんなときは過去と比較してみましょう。その瞬間、目の前にほめるポイントが現れます。

例えば、前回のテストで20点取った息子が、今回38点を取ってきたとします。現状の38点だけ見たら赤点なので「ほめるところはない」ということになります。しかし前回の20点と比較すれば、18点も伸びしろがあったことになります。18点の伸びしろはまさにほめるポイントです。

入社、3カ月経過した新卒が、いまだに1件も契約が取れていないとします。しかし3カ月前は一人で営業に行くことすらできなかったわけですから、それと比較すれば一人で営業に行けること自体が伸びしろです。

そんな新卒に声をかけるときは、

「入社したてのときは一人で営業に行くこともできなかったのに、今はガンガン一人で営業行ってるんだって？　すごいね」とか、「入社したてのときはまだ顔が学生だったけど、今は面構えが社会人になってきたね」と声をかけるといいでしょう。


ほめるところがない場合でも、過去との比較、つまりBefore→Afterを見ることで、ほめるポイントを発見することが可能です。


では、過去を知らない人に対してはどうするか？

例えば経営者のコミュニティに参加して、はじめましての人とお話をするとき。

「今、会社を経営されているんですね」だけだと、ほめるポイントが発見できません。

しかし、「以前は何をされていたんですか？」と質問し、「以前は会社員でした」という答えが返ってきたら、「（Before）会社員→（After）経営者」なわけですから、

「え〜、以前会社員だったのに今は経営されているんですか！　安定を捨てて独立されたわけですね。すごいチャレンジですね」みたいに、ほめるポイントが出てきます。

私は普段、だいたい青系のスーツを着ることが多いのですが、

「桐生さん、青メッチャ似合いますね。青ってやっぱり爽やかですよね。ちなみに昔から青系を着られていたんですか？」

と聞かれたことがあります。

「いや〜、以前は黒とかグレーとか暗いものばかりで、色なんか気にもしたことなかったです」と答えると、

「そうなんですか！　今はそんなにオシャレなのに！　信じられない。何があったんですか〜？」

みたいに質問していただきました。

そのあと、青をよく着るようになった背景を気持ちよくお話しさせていただきました。

これもスーツに対するBefore→Afterです。

何気ないことでも、Before→Afterを比較することで見えてくる世界があります。

差分を評価することで、ぜひ積極的にほめる言葉をかけてあげてください。

Road to Executive

一流は、Before→Afterをほめる

過去と現在の比較で
ほめるポイントを発見する

距離の縮め方

三流は、いつも壁を作り、二流は、共通点を探して距離を縮め、一流は、どのようにして距離を縮める？

コミュニケーションのセミナーや研修では、「相手との共通点を探しましょう」とよく言われます。

確かに、同じ地元、共通の知人や趣味を持った人とは、話が盛り上がります。しかし、雑談に困るときは、初対面だったり、あまり相手のことを知らなかったり、情報が少なかったりするときではないでしょうか？

そんなときに「相手との共通点を探そう」と思っても、なかなか難しいと思います。

では、一流はどうやって距離を縮めているのか？

それは「相違点」です。

例えば、あなたがセロリが嫌いだったとして、相手から「私、セロリが大好きなんです！」

と言われたとき。

「へ～そうなんですか。私は嫌いです」と言ってしまったら、そこで会話は終わります。

しかし、

「え！　セロリが好きなんですね。私はちょっと苦手で……。ちなみになんで好きなんですか？」

「へ～そうなんですか～。そんな楽しみ方があるんですね～」

「私もちょっとチャレンジしてみようかな～」

みたいに、「相手はセロリが好き ⇕ 私は嫌い」、この**相違点に着眼して、おもしろがって話を聞くと、相手も喜んで話してくれます。**

私の故郷は新潟県です。新潟と言えば雪国です。雪国の人とお話しするときは、いつも豪雪の話題で盛り上がります。

しかし、沖縄の人とお話しするときも、「雪が降る ⇕ 降らない」という相違点に着目すると、

私「沖縄出身なんですか～。いいな～いつも温かそうで。雪は降らないですよね（笑）」

相手「雪ですか！　見たことないです。どんな感じなんですか？」
私「家の1階は雪で埋もれるんで昼間でも1階はまっ暗です」
なんていう感じで、たいがい盛り上がります。

そもそも人間は固有の生き物です。

それぞれ価値観も違えば、過去の経験も考え方もまったく違います。つまり**人間は、共通点より相違点のほうが圧倒的に多いのです。**

よく苦手な人に反応してしまう人がいますが、それは、「自分と相手が同じ価値観である」という前提が存在するからだと思います。その価値観が異なるから「イラっ」としたり、腹が立ったりして、だんだんと苦しくなるわけです。

そもそも、人それぞれ性格や思考、生きてきた環境などが違うのですから、意見が合わなくて当然です。

であれば、共通点を無理に探すより、相違点を探り合ったほうが、話のネタは増えるし、雑談は確実に盛り上がります。

Road to Executive

一流は、相違点を探して距離を縮める

☑ 違いをおもしろがることから
会話の突破口を見つける

Chapter 3

聞き方とリアクション

話を聞くとき

三流は、話をきちんと聞かず、
二流は、耳で聞き、
一流は、どのように聞く？

突然ですが、皆さんは友達と映画を観に行くことはありますか？

映画を観たあとって、その話で盛り上がったりしますよね。「いや～まさかあんな展開になるとは思わなかったな～」とか、「ちょっと今日の映画はイマイチだったよね～」とか。

では、一緒に映画を観に行っていない友達と、自分が観た映画の話をするときはどうでしょう。やはり一緒に観に行った友達のときほど、話は盛り上がりませんよね。

なぜか？　当然ですが、それは「同じ映像」を見ていないからです。

旅行もそうです。旅行の思い出話も一緒に旅行した人とのほうが、同じ映像を共有しているため断然盛り上がります。

雑談に話を戻します。

同じ映像を見て会話をすると盛り上がるということはわかったとして、普段の生活でいつも相手と同じ映像を見るわけにはいきません。一緒に映画を観に行ったり、旅行をすれば別ですが、相手だけが体験した話を聞くことがほとんどです。

「昨日、前職の先輩に食事に誘われてさ～」とか、「先月友達とハワイに行ったときの話なんだけどね～」とか。

こういった、自分が体験してない話を聞くときはどうすればいいか?

結論は、あたかも**「同じ映像を見ているかのごとく話を聞く」**です。

ハワイに行ってビーチで泳いだという話を聞くときは、その海は何色で、砂浜はどんな色で、広さはどのくらいで、何人くらいいて、気温はどのくらいで、……と、相手の頭の中にある映像と同じ映像をイメージして話を聞きます。

映像が見えなければ、「ハワイの海って何色? 砂ってどんな感じ?」と具体的に質問してみるといいでしょう。

「先週は登山に行ったんだけどね～」という話を聞くときは、その人がどんな格好で、どんな荷物を背負って、どれほどの険しい山道を汗をかきながら登ったのか、その登る姿をまるで目の前に映像が浮かぶかのごとく話を聞く。

そうすることで、まるで同じ体験をしたかのように、会話ができます。

映画を一緒に観に行ったときと一緒で、**同じ映像を見ながら相手の話を聞くと、そこに共感が生まれます。**共感とは文字通り、共に感じること。

共に感じることで、「この人は自分の話を聞いてくれている」「この人だったらわかってくれる」という印象を与え、信頼関係を築くことができます。

人間には想像力という素晴らしい能力があります。

この想像力を駆使して、相手の話を映像化して聞いてみてください。驚くほど相手との距離感が縮まります。

Road to Executive

一流は、映像化して聞く

☑ 同じ体験をしたかのように話を聞く

リアクション

三流は、無反応で話を聞き、二流は、頷きながら聞き、一流は、どのように聞く？

大ベテランの講師に「反応の反対は何だと思いますか？」と聞かれたことがあります。

「そりゃー無反応じゃないですか？」と答えました。

しかし、その方は「反応の反対は無視です」と言われました。

無視は「わかっているけど見ていないことにする」という、完全に相手の存在を否定する行為。無視というのは非常に重たい行為なのです。

学校で無視されれば登校拒否になるかもしれないし、会社で無視されたら出勤するのがイヤになってしまうかもしれません。いざ会社に行こうとすると、電車に乗れなくなるようなパニック障害になる人もいます。

小さいお子さんがお母さんに「ね〜ね〜聞いて聞いて」と話しかけたときに、忙しいからって無視し続けたら……きっとその子は、いつかグレてしまうでしょう。

無視というのは、相手の人生をも狂わす重罪なのです。

「反応の反対は無反応ではなく、無視なんだ！」。このことを知ってから、私は反応と人間の心理について真剣に学ぶようになりました。


話を聞くときの最適なリアクションは、徹底的に反応してあげることです。そして人の話を聞くときの反応とは、「頷き」です。これは「あなたの話を受け止めていますよ」という合図になります。

頷きは普段から多くの人がやっていると思います。

しかし、一流と言われる人の頷きは一味違います。一流は、頷きにさらにもう一つ、技を足しています。それは……「感嘆詞」です。

感嘆詞とは、簡単に言えば感情を乗せる言葉です。

例えば、「へ〜そうなの〜」「はぁ〜それは驚いた」「ほぉ〜それはお見事」のようなフレーズの前にある「へ〜、はぁ〜、ほぉ〜」です。

ただ単純に頷くだけじゃなくて、頷きながら感嘆詞を使い、そこに「スゴイ!」「ビックリした!」「感動した!」という気持ちを乗せて伝えるのです。

皆さん、所ジョージさんはご存知でしょう。所さんは多数のテレビ番組のMCをこなしていて、好感度の高いタレントとして知られていますが、なぜずっと人気があるのか？
私は所さんの動画を何本も観て研究しました。
すると所さんは「へ〜、はぁ〜、スゴイですね〜⤴」を連発していることに気づきました。ある動画では、なんと1分間に6回も発していました。
そんな反応をされると、相手は無意識レベルで「この人は私の話をちゃんと聞いてくれている」と受け取ります。

一流は、頷きと感情をセットにして、相手の話に反応し、相手の承認欲求を満たしています。

ぜひ、頷き＋感嘆詞、「へぇ〜、はぁ〜、ほぉ〜」に感情を乗せて、相手の話を聞いてみてください。きっと相手の表情がみるみる喜びに変わっていきます。

Road to Executive

一流は、頷き＋感嘆詞を使って聞く

☑ 「へぇ～、はぁ～、ほぉ～」を使って、感情を表現する

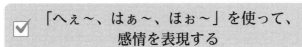

承認欲求

三流は、承認することができず、
二流は、「すごいですね！」を連発し、
一流は、どのように承認欲求を満たす？

「やってみせ、言って聞かせて、させてみて、ほめてやらねば人は動かじ」

元海軍軍人、連合艦隊司令長官の山本五十六《いそろく》の有名な言葉です。

ほめられると、「認めてもらえた！」「この人はちゃんと自分のことを見てくれている！」と感じて、自分の存在価値を認識できます。

ほめ言葉には、例えば、「すごいですね」「素晴らしいですね」「さすがですね」というものがあります。いずれも相手を称賛するときに使いますが、ことあるごとに「すごいですね」を連発したら、「この人本当にそう思っているの？」と疑念を持たれます。

そこで一流は、普段、他人が使わないようなもう一段上の表現で相手を承認します。

例えば、ある経営者との会話。

「私が若い頃、一度会社を倒産させたことがありましてね。一時、10億円も借金したことがあるんですが、7年で返済しまして、今は毎年10億円の利益が出る会社になりました」

さぁ、皆さんなら、何と返します？

普通なら、「それはすごいですね」と返しそうなものです。

しかし、もう一段上の表現をしてみると？

『それはすさまじいですね！』

『それは信じられないです！』

『しびれますね！』

このように「すごい」と同等な単語を使っても、いろんな表現ができます。

他にも、「素敵ですね」という言葉。これも、「美しいですね」「エレガントですね」「奥ゆかしいですね」「品格がありますね」など、一段上の表現で言い換えられます。

普段あまり言われたことがないフレーズでほめられると、相手は「あれ、いつもと違う」と無意識レベルで反応します。

私がよく使うものに、「熱量が桁違いですね」「迫力がありますね」「オーラがありますね」「覚醒していますね」「幸せですね」というものがあります。

一流は間違いなく語彙力のプロです。語彙力とは簡単に言えば「言い換え力」です。

例えば、「○○さん、いい声してますね」を、「○○さんって声に艶《つや》がありますね」「○○さんの声の音色って本当に聞き心地がいいですね」と、「いい声」という表現を「艶」とか「音色」と表現してみる。

「○○さんのやる気はすごいですね」を「○○さんのやる気はダイナマイトみたいですね」「○○さん頭の回転が速いですね」を「○○さんの頭の回転の速さはまさに音速ですね」と、普通に表現するのではなくて、もう一段上の言い換えで表現してみる。

すると相手の反応が変わります。

承認するときは、いくつものメニューから相手が喜ぶものをチョイスしてみましょう。

メニューを増やすには、小説やポエムから言葉を集めたり、講演家の動画を見て素敵なワードを拾ってみることをオススメします「もう一段上の表現で、相手が喜ぶ顔を生み出す」。

そんな発想で日々の雑談に取り入れてみてください。

Road to Executive

一流は、
普段使わないような
一段上の表現を使って承認する

☑ 相手が喜びそうな表現を
普段からストックしておく

ネガティブな話の対処法

三流は、受け流し、二流は、同調し、一流は、どうする？

雑談と言っても、いつも盛り上がる話ばかりではないですよね。相手からネガティブな話を持ちかけられることもあります。例えば、「あ〜もうなんで私だけ忙しいのよ〜（怒）」「うちの部長って本当あり得ない！」「もう〜本当やる気が出ない！」など。

そんなとき、皆さんならどう答えますか？

「へ〜」と受け流せば、相手との空気は悪くなるでしょう。

積極的に「そうなんだ〜大変だね」「わかるその気持ち」「本当にあり得ないね」と同調するのも悪くはないと思いますが、ネガティブを共有し合うと、お互いイヤな空気で会話が終わることもあるので、あまり得策とは言えません。

ベストは、会話の中で少しでも相手がプラスの状態になることです。

それを実現するには、次の「人がプラスな気持ちになれる３大欲求」をトークに交ぜます。

1：認められたい
2：ほめられたい
3：励まされたい

アメフトの試合前、バックヤードで監督が選手を送り出すときに、「お前たちはすごい！本当によくやった！　絶対に勝てる！」と選手を奮い立たせることがよくあります。『SLAM DUNK（スラムダンク）』（井上雄彦　集英社）の安西監督の「君たちは強い」という明言は大変有名になりましたが、名将と言われる人は、認めて、ほめて、励まして、モチベートするのがうまいです。


私が整体で施術を受けていたとき、いつも予約が取れない人気の施術師がいました。その方は、

「お客さん、何かスポーツやっていました？これは相当使いこんでますね。これだけ使いこんでいたら、凝って当然ですよ～　すごいな～。よくこれだけがんばってますね～」

と、メチャメチャ承認していました。

逆に、人気がない施術師は、「デスクワークばかりで腰が痛い」というお客さんに、

「そうですか、最近デスクワークの方が増えてますからね。腰痛の方は結構多いですよ」

という会話をしていました。

どちらと会話がしたくなるかと言えば、前者の承認してくれる施術師だと思います。


ネガティブな話題に関しては、まずその話を受け止め、そして最後に、

「いや～でも○○さん、その超人的な忙しさ、本当にすごいと思います」

「○○さん、そこまで部長とケンカしててよく毎日会社に行ってますね。メンタルがかなりタフですね」

「○○さんがそこまでがんばっているんだから、私ももっとがんばらないといけないと思いました」

と、最後に**相手を承認し、称賛し、奨励する。**

「モチベーションスイッチ」をカチっと入れて、マイナスからプラスの状態で会話が終わるように、会話の末尾を意識してみてください。

Road to Executive

一流は、全力で励ます

☑ 相手をプラスの気持ちにさせる

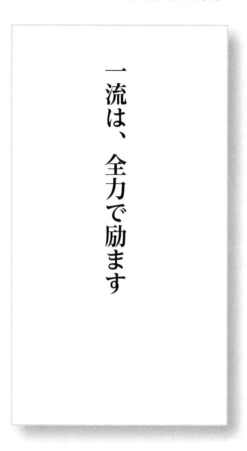

意見が異なったとき

三流は、相手の意見に反論し、二流は、相手の意見に合わせ、一流は、どうする？

あなたの周りには、「いや」「でも」「だけど」が口癖の人はいませんか？

議論をする場ならば反論も必要だと思います。でも、雑談は意見が正しいか、正しくないかよりも、「心地よさ」が大切です。このような反論を意味する逆説ワードを連発すると、「この人、面倒くさい」と思われてしまい、変な空気が漂います。

例えば、「今日は寒いですね」と言われたとします。しかし、あなたはむしろ暖かいと思っていたとします。このように意見が異なるとき、どう答えるか？

「いや、むしろ暖かくないですか？」と言ってしまうと空気が悪くなります。会話も止まります。では「そうですね、寒いですね」と話を合わせるべきでしょうか？ これもなんだか嘘をついていたようで、変な気分になりますよね。

そんなときの対処法として「興味に変える」というやり方があります。
「寒いですね」と言われたら、
「○○さん、寒いの苦手なんですか?」と、興味に変えて質問するのです。

これは私の実話ですが、
私「今日は結構冷えますね」
相手「桐生さんって雪国出身じゃなかったでしたっけ?」(興味)
私「そうなんですけど昔から寒いの苦手で……」
相手「雪国の人はみんな寒さに強いのかと思っていましたがそうでもないんですね」(興味)
私「そうなんですよ。結構寒いの苦手っていう人、多いですよ」
相手「皆さんどうやって寒さ対策されてるんですか?」(興味)
私「ヒートテック2枚は着用ですね(笑)」
のように、興味に変えると会話がドンドン広がっていきます。

反論することもなく、無理に合わせることもなく、相手に興味を持って質問することが、

心地よい空間を作るのです。

「今年はオリンピックが盛り上がりそうですね」に対して、「いや、私オリンピックにはあまり興味がなくて」と言ってしまったら会話は終わってしまいます。これに対しても、

「○○さんチケットは買いました？」とか「普段から結構スポーツを見るんですか？」と相手にベクトルを向けると会話は膨らんでいきます。

誰だって自分の意見が正しいと思っていますし、それを通したいと思っています。しかし、反論する前に、「なぜこの人はそう思ったんだろう？」と興味を持つと、そこに考える「間」ができます。

反論するときは、イラっとしたときが多いです。その怒りをコントロールするには、少し冷静になる「間」が必要です。

孫子の兵法では、「戦わずして勝つ」ということが述べられていますが、まさに**議論の勝ちにこだわるのではなく、安心して話せる空間を優先**させましょう。

Road to Executive

一流は、興味に変える

意見が違ったときは
少しずらした質問をする

SNS

三流は、すべてスルー（無視）し、二流は、コメントを被せ、一流は、どう対応する？

SNSも一つのコミュニケーションの場として確立されてきました。

SNSの投稿は何気ない会話がほとんどで、リアルな雑談をネットに移したようなものです。従って、SNSも雑談の一種と捉えていいかもしれません。

リアルな雑談の場で無視されたらつらいと思いますが、SNSも一緒です。何かしらのコメントがあったり、反響があったりすると投稿者はうれしいものです。

例えば、「先週沖縄に行ってきました！」というコメント。

投稿者の心理とすれば、知ってほしい、見てほしい、承認してほしい、そういった欲求があると思います。

その投稿に対して、「先月私も行ってきました！」と被せられたらどうでしょう？ 投稿者の欲求は満たされるでしょうか？

これは私の失敗談ですが、以前、私が心理学を勉強しはじめた頃、ある人が私に、「最近、能力開発に目覚めまして、心理学を勉強しているんです」と話しかけてきました。

私はこれみよがしに、「そうなんですか！　いや〜私もなんです。今ユング心理学を勉強してましてね。やはりユングとフロイトは明確に違いますね〜」なんて得意げに話を被せたら、その人はその場を去っていってしまいました。

投稿者の心理を考えるなら、「沖縄に行ってきました！」という投稿に、「先月私も行ってきました！」と被せられるよりも、

「ワ〜！　楽しそう〜！」「海似合いすぎ！」「エネルギー充電されてまたスゴイ仕事しそうですね！」と、さりげなく承認してあげたほうが、その人はうれしいはずです。

「○○勉強会に行ってきました！」という投稿に、「今、私もそれを勉強しています！」と被せるよりも、

「スゴイ探求心ですね！　今度教えてください！」「忙しそうなのによく勉強されてます

ね！　感服いたします！」「やはりデキる人はいつも学んでいるんですね！」みたいな返答をすると、あなたの好感度は上がります。

人が一番嫌うのは「無視」です。そして次に嫌うのが「被せ」です。話している最中に話をさえぎられたり、話を乗っ取られたりして気持ちのいい人はいません。

逆に、**人は自分に対して良くしてくれた人を無碍《むげ》にできません。返報性の法則です。**良くしてもらったら、良くしてあげたくなる。お中元をもらったら、お返ししたくなる。元気に挨拶されたら、元気な挨拶で返したくなる。

投稿も一緒で、自分を承認してくれた人に対しては、「次は何かをしてあげたい」と潜在意識が働きはじめます。SNS上でもそういった良好な関係性が築けていれば、実際にお会いしたときの雑談もさぞかし盛り上がるでしょう。

一流は、リアルな雑談の場面だけではなく、SNSのような日々のコミュニケーションでも、相手との関係性を豊かにする布石を打っているのです。

Road to Executive

一流は、さりげなく承認する

☑ 投稿心理に基づいたコメントで関係性を築く

Chapter 4

雑談の盛り上げ方

テンポ

三流は、ベラベラ一人で話し、二流は、数分で相手に渡し、一流は、どのくらいで渡す？

突然ですが、一つ質問です。皆さんは、自分が会話しているときの「時間」を計ったことがありますか？　例えば、「昨日は何してたの～？」と聞かれたとき、それに回答するのにどのくらいの時間を使っているか？

話が長い人だと、３分、５分……と、ずっと自分のボールで話しています。ダラダラ自分の話ばかりする人は嫌われますよね。逆にテンポがいい人は、少し自分の話をして、「○○さんは何してたの？」と相手に返します。

雑談では30秒くらいで会話を回すのがベストです。

テレビＣＭは大体15秒か30秒で構成されています。なぜなら人間は興味がないことに関して、30秒くらい経過すると急激に集中力が落ちるからです。

ラジオのパーソナリティも、だいたい30秒くらい話したら、必ずゲストに話を渡します。よくお笑い番組の司会者を見ていると、一流と言われる人は、30秒くらい話したら、ひな壇にどんどん話を振っていきます。

明石家さんまさんの司会のテンポは神業です。自分でボケて、ひな壇に話を振ってボケさせる。また自分に話を戻して新たな展開を作り、即座にひな壇に振ってボケさせる。30秒に1回くらいで話す人が変わります。

我々はよく企業で営業研修を実施する機会があります。

電話でアポイントを取るのがうまい営業マンは、

「○○電話会社の代理店をしている□□と申します。現在、月額2000円安くなるプランを紹介させていただいているのですが、御社では△△回線を使用されておりますか？」

と30秒経過したあたりで相手に質問します。

相手にボールを渡さないと切られてしまうからです。

これを雑談に活かすとどうなるか。例えば、

「○○さん、最近ゴルフはじめたんですか〜？ 私もゴルフはじめたんですよ。先週は千葉の△△カントリーに行ってきまして、まだまだ下手なんでスコアは□□でした。○○さんは普段どこに行かれるんですか？」

これで約30秒です。30秒話して相手に渡す。

「昨日、今年興行収入1位の○○（映画）を観に行ったんですよ〜。すごい行列で4時間も待ったんですけど、待った甲斐があってメチャメチャおもしろかったです。会場のほとんどが感動で大泣きしてましたよ。□□さんはもう観ました？」

30秒話したら相手に話を渡す。

こうすることで、**会話にテンポが生まれ、相手も飽きることなく会話を続けることができます。**

テレビの名司会者、ラジオのパーソナリティ、あなたの会社にいる名ファシリテーター、合コンでその場を回しているリーダー的な人。そういった人の会話の時間に注目してみてください。きっと話す時間が短く、即座に相手に話を渡して、その場に流れを作ることで、楽しい空間を作っているはずです。

Road to Executive

一流は、15秒~30秒で渡す

☑ 相手が話すタイミングを適度に与える

説明

三流は、ダラダラ話し、二流は、完璧に伝えようとし、一流は、どうする？

雑談においても「わかりやすい話」は大切です。「この人何の話をしているの？」「話の意味がわからない」と感じさせてしまったら、話は続きませんよね。

わかりやすい話をするにはどうしたらいいか？

それは絵で伝えることです。**人間は文字で認識するより、絵で認識するほうが圧倒的に速い**からです。

文庫本と絵本、どちらが子供に人気があるかと言えば、やはり絵本です。最近ではビジネス書でも「マンガでわかる○○」という本がたくさん出ていますが、絵のほうがパッと見て情報がキャッチしやすいのです。

会話でも、まるで相手に1枚の絵を見せるがごとく、一発で伝わる話法があります。そ

れが **「たとえ話」** です。

「たとえ話」と言えば、グルメリポーターで有名な彦摩呂さん。海鮮丼が運ばれてきたときに、「うわぁ〜海の宝石箱や〜」というフレーズ。このひと言で「海の宝石箱」という絵を視聴者にイメージさせます。

これを、「うわぁ〜ウニが黄色く光っていて、マグロも美味しそうで、イカも新鮮そうで、イクラも輝いていて……」なんて細かく説明しても伝わりません。

例えば、「あなたの家族ってどんな家族ですか？」と聞かれたとします。

「うちの家族はおじいちゃんとおばあちゃんがいて、父と母と、兄弟は三人で、あと姉の家族も一緒に住んでいて、とっても賑やかです」

と伝えるよりも、

「うちの家族はまるでサザエさんですね」

と伝えたほうがサザエさん一家のような賑やかさが伝わって、一発でイメージできます。

実際私は9人家族で、曾祖母、祖父、祖母、父、母、4人兄弟の末っ子として育ちましたので、「サザエさん」のフレーズはよく使いました。

たとえ話の作り方は意外と簡単です。**「似ているものを連想する」**だけ。

「うちの上司はいつも威張っていて、わがままで、人の話を聞かないんです」

↓「うちの上司はまるでジャイアンです」

「会社の近くに、煮物とみそ汁が美味しくて、素朴な感じなんだけど健康的でいい感じの定食屋さんがあるから今度行ってみない?」

↓「ザ・おふくろの味みたいな定食屋さんがあるんだけど今度行ってみない?」

といった感じで、似ているものを思い浮かべて伝えます。こうすることで相手の頭の中に絵が浮かびます。

たとえ話は、名スピーカーと言われる人ほど徹底的に研究しているテーマです。ぜひ一度、「この人話うまいな~」と感じる人がいたら、会話にたとえ話が何個入っているか意識してみてください。

Road to Executive

一流は、たとえ話にして一発で伝える

☑ 文字をイメージに変えて伝える

惹きつける

三流は、何も考えずに話し、
二流は、おもしろトークで惹きつけようとし、
一流は、どのように惹きつける？

飲み会、お茶会、友人とのたわいのない会話、会社の休憩室、複数で行う雑談の場は意外と存在します。

複数人いると、いろいろ話が飛び交うため、話にインパクトを持たせるのは至難の業です。毎回人を惹きつけるようなおもしろトークができれば別ですが、それはなかなか大変です。

そんなとき、有効なのが「オノマトペ」です。

オノマトペとは、擬声語、擬音語、擬態語の総称です。

『擬声語』とは、人間や動物の声を表すもので、「おぎゃー」「げらげら」「にゃんにゃん」「わんわん」といった語です。

『擬音語』とは、自然界の音や物音を表すもので、「キラキラ」「ザパーン」「バタン」「ガチャン」といった語です。
『擬態語』とは、状態を表すもので、「つるつる」「さらさら」「ごちゃごちゃ」「どんよろりーん」といった語です。

これを話に入れると、ものすごく話にインパクトが出てきます。

例えば、

「この間、〇〇という映画を観て、とても胸を打たれた」
↓「この間、〇〇という映画を観て、ズキューンと胸を打たれた」

後者のほうが胸を打たれた感じが伝わってきます。

「この間、札幌に行ったんだけど、とても寒くて体が冷えた」
↓「この間札幌に行ったんだけど、とても寒くて体がキンキンに冷えた」

後者のほうがその様子がリアルに伝わってきます。

その他にも、「ガンガン鳴り響いた」「ビヨ〜ンって伸びた」「サ〜っと波が引いた」と言ったほうがイメージが湧いてきます。

オノマトペのプロと言えば、やはり宮川大輔さん。

「家族連れがバーン入ってきて」「薄目でパッと見て」「バ〜いうてもうて」と、1個の話にオノマトペが5、6個入ってきます。

スティーブ・ジョブズも、プレゼンのときには、「ボン」とか「ブン」とか、オノマトペを有効に活用していたことで知られています。

当社では毎月約170本のコミュニケーションセミナーを開催していますが、セミナータイトルには、「ガンガン増える」「グングンよくなる」「モヤっとした話がスッキリ」などのオノマトペを有効に使っています。

ぜひ自由な発想で、オノマトペのボキャブラリーを増やしてみてください。きっとあなたの話は、数段インパクトが出てきます。

Road to Executive

一流は、オノマトペを使う

☑ 擬声語、擬音語、擬態語を使って
話にインパクトを出す

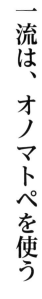

笑い

三流は、笑いを取れず、二流は、おもしろい話を考え、一流は、どんな話で笑いを取る？

雑談の場では、笑いはその場を盛り上げる潤滑油になります。

誰もしゃべらず、くらーい雰囲気で場を囲んでいるあの重たい空気。いたたまれなくなりますよね。やはり、皆さん笑顔で、笑いがあったほうが楽しく過ごせます。

我々は芸人ではないので、毎回おもしろトークで爆笑をかっさらう必要はありません。

ただ、少し「プッ！」と笑えるような、その場が明るくなるようなおもしろトークができると便利です。

普段の会話におもしろさを入れるには、どうしたらいいか？

それには、**「結論の手前にギャップを持たせる」**という方法を使います。

例えば、

「うちの上司、超強面《こわおもて》なんだよね」

だと普通の会話です。

「うちの上司、奥さんの前ではかなり甘えん坊なんだけど、普段は超強面なんだよね〜」

と表現したらどうでしょう？

「うちの上司は強面」という結論の手前に、「奥さんの前だとかなり甘えん坊」と少しギャップを持たせると、おもしろいニュアンスが出てきます。

「コンビニの店員が無愛想だったんだよね〜」だと普通ですが、

「いつもニコニコしている店員がさ〜、私のときだけ無愛想なんだよね……」

「大人になってからだいぶ痩せました」を、

「小さい頃は顔がまん丸でアンパンマンって言われていたんですが、大人になってからだいぶ痩せました」（これは私の実話です）

普通のことを普通に話せばそれまでですが、結論の手前にギャップを持たせることで普通の話が際立ってきます。

一流のコミュニケーターは間違いなく人を笑わせるプロです。

私はいろいろな人の講演を聞きに行くのが趣味なのですが、その講話で何回笑いが起きたか、正の字で記録する癖があります。

以前、ジャパネットたかたの元社長、髙田明さんの講話を拝聴したときは、なんと60分に22回の笑いが起きました。講話の冒頭に、「皆さん、今日はおもしろいと思ったらぜひ笑ってくださいね」とフリまでしていたくらいですから、笑いを通していい場を作ることをすごく意識されていたと思います。

繰り返しになりますが、**大爆笑を取るような話ではなく、少しアレンジして周りの人を楽しませること。**これがポイントです。

人を笑わせることとは、最強のコミュニケーションスキルです。笑うときは心が解放されている状態です。相手の心を開くことができれば親交も深まります。ぜひ、会話に少しのユーモアを持たせることで、雑談の場に楽しい空気を作ってみてください。

Road to Executive

一流は、普通の話で笑いを取る

☑ 結論の手前にギャップを作り、笑いを起こす

複数人に伝える

三流は、たんたんと説明し、二流は、情景を文字で説明し、一流は、どのように説明する?

雑談の場は1対1とは限りません。複数人で集まって話すケースも多々あります。複数人いると、一斉に話を届けていかなければいけないので、結構大変です。複数人に話を伝えていくには、大型スクリーンに話を映し出すような「描写力」が大事になってきます。スクリーンに映し出されていれば、みんなでその映像を楽しむことができます。

描写のプロと言えば落語家です。

落語は江戸時代から今もなお、話芸として多くの人を魅了しています。落語家の**話している場面が、目の前で実際に起こっているかのごとく展開されるから、わかりやすく、おもしろいのです。**

落語家は常に一人で話していますが、「おい、おとっちゃん」「なんだい平八」みたいな形で、必ず複数の人が登場します。そして、どんな場所で話しているのか、歩いているのか、走っているのか、食べているのかをうまく描写します。

たとえ聞き手が何人であっても、同じ映像を同時配信することができるので、全員に同じ話を伝えることが可能です。

では、これを普段の会話に転換するとどうなるか。

例えば、「この間学校で先生にもっと勉強しなさいって言われたんだ」という話。これだと一人称です。

これを、次のように変えます。

「この間学校でさ〜。先生に、『もっと勉強しろ！』って言われたんだ」

この『もっと勉強しろ！』の部分を、今まさに先生が言っているかのように模写して話すと、そこに自分と先生が対話している映像が出てきます。

「先日、お寿司屋さんで、板前さんにおススメを聞いたらヒラメって言われたのね。それでヒラメを頼んだんだけど、奥から大将が出てきてヒラメには梅をのせたほうがいいって言うからやってみたら、これが超うまかったんだ」

だと一人称です。

これを次のようにします。

「先日、お寿司屋さんでおススメ聞いたの。そしたら板前さんが、

『ヒラメです（板前さんが言っているかのように）』

って言うから、ヒラメを頼んだのね。そしたら奥から大将が出てきて、

『ヒラメには梅をのせたほうがいい（大将がまさに言っているかのように）』

って言うからやってみたら、これが超うまかったんだ」

話しているのは自分一人ですが、会話の中に、自分、板前、大将と三人登場してきます。

聴衆に向かって話すときは、一人で何役もして、映像にして見せると圧倒的にわかりやすいです。描写力が身につけば、複数人にも一発で話が伝わるようになります。

ぜひ、会話に出てくる登場人物を描写して、聞き手の頭の中にあなたの会話を映し出してみてください。

Road to Executive

一流は、会話を描写して説明する

☑ 会話を通じて登場人物を出現させる

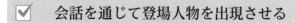

自分の話をするとき

三流は、一方的に話し続け、二流は、話をおもしろくしようとし、一流は、何をする？

相手の話を聞くだけではなく、自分の話をしたいときもありますよね。しかし、話したいことを一方的にしゃべり続けると、相手が退屈してしまいます。

話をおもしろくしようと、仕込んでおいた鉄板トークを展開しても、引かれてしまうかもしれません。自分の話をするときも、相手を退屈させることなく、自然に楽しんでもらえたら素敵です。

一流は、自分の話をするときも「まるで相手と会話をしている」かのような質問テクニックを使います。

例えば、こんな感じです。

「昨日中華料理屋さんで小籠包《ショウロンポー》を頼んだら、出てくるのに30分もかかったんです。どう思います？　中華料理ってスピード命って感じじゃないですか？　遅すぎると思いません？　でもですよ、出てきた小籠包が、腰抜かすくらい美味しかったんです！　腰抜かすくらいうまい小籠包に出会ったことあります？　ないですよね。私もはじめてです。中の肉汁がほんのり甘くてジューシーで、あれなら何個でも食べられますよ」

相手に直接答えてもらう質問ではないのですが、「どう思います？」「○○じゃないですか？」「思いません？」「こんなことあります？」みたいに、**相手に話を振っているような表現をします。**

一方的に自分の話をするのではなく、合いの手を入れるイメージで、ちょくちょく相手に振るそぶりをする。そうすることで、相手を飽きさせることなく、まるで二人で会話をしているかのようにすることが可能です。

これは名スピーカー、講演家がよくやる「一人質問」というテクニックです。

名スピーカー、講演家は、大体一人で２００人、３００人の聴衆に向けて話をしますが、一方的に話をしていたら聴衆は飽きます。

そこで、「皆さんどう思いますか？」「こんなことが実現できたらどうでしょうか？」「皆さんにもそんな経験ありませんか？」「試してみたいと思いませんか？」といった、一人質問を間に挟みます。

この質問に直接答えてほしいわけではありません。こうすることで、相手にボールを振り、まるで一人のスピーカーと２００人、３００人の聴衆がコミュニケーションを取っているかのような演出ができるのです。そうすると会場の場も盛り上がっていきます。

先日もジャパネットたかたの元社長、髙田明さんの基調講演を聞いていたら、なんと60分の講演で一人質問が18回。約3分に1回は一人質問が登場してきました。

会場はまるでウェーブが起きているかのような熱気に包まれていました。

「一人質問」を挟んで、まるで相手と会話をしているかのように話を進めると、相手も飽きることなくあなたの話を聞けるようになります。

会話はお互いで作りあげていくものです。一人質問を使って、常に相互にやり取りしている感覚を味わってみてください。

Road to Executive

一流は、一人質問をする

☑ 相手と会話をしているかのように、自分の話をする

長めの雑談

三流は、特にテーマはなく、
二流は、相手が話したいことをテーマにし、
一流は、何をテーマにする？

雑談と言えば、短ければ1、2分、長くても5分程度の場合が多いですが、長めの雑談を必要とするときもあります。例えば、会社の飲み会、近所の会合、勉強会後の懇親会、合コンなどは2時間程度、雑談を続けることになります。

そんなとき、話を盛り上げるにはどうしたらいいか？

まず、次の二つの原則を押さえておいてください。

①人間は、自分が話したいことを話したい
②人間は、自分が聞きたいことを聞きたい

人は、常に自分が中心にあります。

これを雑談に置き換えれば、

①相手が話したいこと

②相手が聞きたいこと

を話題にすると、長い時間でも雑談は盛り上がります。

①だけだと、短い時間なら持つと思いますが、さすがに1時間、2時間になってくると話題も尽きてきます。

そこで②も織り交ぜて、相手が聞きたいことを話してあげれば、より一層雑談は続きます。

以前、営業先の専務と話をしていたときのこと。

専務室の本棚に私も読んだことがある本を見つけたので、「専務もこの本読まれているんですね」と言いました。すると、専務はその本に相当ハマっていたらしく、待っていましたと言わんばかりに語りだしました。

その話が一段落すると、話は変わり今度はメタボの話題になりました。

専務が、「このお腹の肉、一瞬で消えてくれないかな～」とぼやくので、私は「お腹の肉が消える必殺技」をお伝えしました。

相手が話したいこと、聞きたいことをテーマにするのが営業の肝でした。そんな専務からは、10社ほどご紹介をいただきました。

当社は全国で研修を行っていますが、自ら営業したことはありません。ほとんどが紹介です。雑談には、そのくらいの力があります。

あなたのお客様が、①話したいこと、②聞きたいことは何でしょうか？

また上司は？　同僚は？　友達は？　彼氏・彼女は？

意外と知らないことが多いです。

知らなければ、**ヒアリングしておいて今度会ったときに少しでも話せるように調べておくといいでしょう**。それは10も20も調べる必要はなく、一つか二つで十分です。1、2分使って調べておくと、それだけで話は盛り上がり、あなたの好感度はグッとアップします。

興味がない話を10も20も続けられても、まったく相手に響きません。しかし、人間は自分が興味のある話だと何時間でも話せますし、何時間でも聞けるのです。

Road to Executive

一流は、
相手が「話したいこと」と
「聞きたいこと」に
テーマを置く

☑ 相手の趣向に合わせた話をする

空気を読む

三流は、空気が読めず、
二流は、周りの空気に合わせ、
一流は、どうする？

以前「ＫＹ」空気が読めない。という言葉が流行《はや》りました。「ＫＹ」という言葉は使わないまでも、今もなお「空気を読め」とか「空気がわかる」とか、空気にまつわる話題は多いです。

では、「空気が読める」とはいったいどういうことでしょうか？ 私は、空気が読めるとは、「心の絵文字が読めること」と定義しています。

心の絵文字とは、楽しい、普通、悲しい、という心の状態がわかることです。今相手やその場が、「楽しい」「普通」「悲しい」のどの状態にあるのか？ この三つくらいなら把握できると思いませんか？

例えば、お葬式の場面はこういう状態です。
盛り上がっている飲み会はこういう状態です。
盛り上がっている飲み会に、一人こんな雰囲気で参加したら空気が読めない奴と言われます。

雑談のときに、相手の雰囲気がなら、その話に興味がないのかもしれません。
が続いたら、「ところで○○さんは……」とテーマを切り替えるといいでしょう。
もしな雰囲気だったら、一方的に話してしまっていたり、自慢話ばかりになっているのかもしれません。そんなときは、「一方的に話してごめんね。○○さん真剣に話を聞いてくれるので思わず話しすぎました」と言いながら、何か違う話題を相手に振るといいでしょう。

もし、あなたが飲み会に遅れて到着して、皆さんがこんな感じだったらどうしますか？　盛り上がっていない状態です。そんなときでも、あなたがな状態で飲み会に参加し、周りのみんなもにできたら、あなたの希少価値はグッと上がります。

場の空気をな状態にするために、簡単な方法があります。それは「あなたが笑う」ことです。**感情は伝染します。**

いまいち売上が上がっていない会社に行くと、その職場の空気がドヨ～ンとしていることがあります。逆に、繁盛している飲食店に入ると、入った瞬間から活気があって、店員さんがみんな笑顔で、なんだか自分まで楽しくなってきます。

飲み会で空気がドヨ～ンとしていたら、あなたが率先して笑えばいいのです。特におもしろいことを言う必要はありません。笑顔で話を聞いたり、誰かに質問したり、笑いながらお皿に取り分けたり、ガッハッハと爆笑したり。その感情は確実に伝染していきます。

1925年に発行され、今もなお愛読されている『幸福論』の著者、アランの言葉。

「幸福だから笑うのではない、笑うから幸福なのだ」

これは真実です。

場が暗ければ明るく、誰かが悲しんでいれば自分も一緒に悲しむ。一流は、空気を読んで、そして行動を起こします。

Road to Executive

一流は、
状況次第で空気を変える

☑ 空気を読んでアクションを起こす

飲み会

三流は、いつも受け身になり、二流は、必死で盛り上げようとし、一流は、どうする？

飲み会であなたはどんな立ち位置ですか？

会社の飲み会、友人との飲み会、異業種交流会、結婚式の二次会。世の中にはいろいろな飲み会がありますが、いつも聞き役の人はどんな会でも聞き役、いつも目立っている人はやっぱり目立っていることが多いと思います。

でも、一流は「場の空気」によって変えます。

例えば、話が盛り上がっていれば、一生懸命に話を聞く。盛り下がっていれば、積極的に進行役を引き受けます。盛り上がっていたけど、急に話が止まって沈黙時間が生まれれば、自ら話を切り出します。**その場の状況に合わせて、変幻自在に自分の役割を変えていきます。**

では、その場の空気を読んで、適した役割をまっとうするにはどうしたらいいでしょう?

簡単な方法があります。飲み会での役割は、主に次の三つしかありません。

①まわす人
②話す人
③聞く人

①まわす人とは、全体に目を配り、話を振ったり、質問したり、食事や飲み物の配慮をして、その場を快適に過ごせるようにコントロールする人。テレビで言えばMC役です。
②話す人とは、その場をリードしていく人です。自分から話題を作り、ネタを提供して、話を展開していく人です。
③聞く人とは、反応よく、リアクションを交えながら、話を聞く人です。

飲み会に来たら、今日のこの場は、「誰が①まわす人　②話す人　③聞く人なのか?」を見極める。そして、空いているところを自分が担当する。すると全体の役割が機能して、

「なんだか今日は楽しかったよね」と皆さんに喜んでいただけます。

よく、飲み会で、「今日〇〇さん来ないの？」と言われる人いませんか？　その人がいると安心できるし、いないとなんだか不安になる。

きっとその人は、ただおもしろいだけではなく、その場の空気に応じて役割を変えて、最適な空間を作っている人だと思います。

私の知り合いで、年商何百億円と稼ぎ出すスーパー経営者がいます。その方は、普段は重厚な眼差しで重い言葉を口にします。しかし、場が盛り下がっていれば、親父ギャグと下ネタを連発し、その場を沸かせます。まるで別人のようです。

一流は、飲み会の場においても、「自分がどうありたいか？」よりも「その場がいかに最適になるか？」に重点を置いて、場に貢献しようとしているのです。

Road to Executive

一流は、役割を見極める

不足している役割を担うことで
その場を最適にする

Chapter 5

相手の懐に入る方法

姿勢

三流は、相手に背を向け、二流は、相手に視線を向け、一流は、何を向ける?

会話をするときは、相手にどこを向けるといいのでしょうか?

例えば、そっぽを向いて話していたら、相手は話しにくいと思います。では、視線は向けているけれど体が横を向いていたらどうでしょう。例えば顔はこちらを見ているけど、体はPCに向いているとき。やはり相手は話しにくいはずです。ぞんざいに扱われている感じを受けます。

雑談は会話の中身よりも、その場の空気が大事です。つまり安心して話せる空気です。

そこで、一流はどこを向けて話をしているか?

それは……「腹」です。昔から、腹を見せる、腹を割って話す、腹黒い、など腹にちなんだ言葉がたくさんあります。腹は人間にとって極めて重要な部分です。

お腹には腸があります。腸は栄養素の吸収、いらないものを排泄する役割があります。腸が止まったら人間は死にます。

丹田もあります。丹田とは人間の気が一番溜まるところです。

女性には子宮もあります。

このようにお腹には重要な部分がたくさん詰まっています。

その**超重要な部分を相手に向けて話すと、相手は間違いなく安心します。**「敵意はありませんよ」という合図になるからです。

あかちゃんがよくお腹を見せて寝転がっているシーンがありますが、完全な無抵抗状態です。つまり丸腰です。

これが安全で安心できる空間を作ります。

人間の欲求を説いたアブラハム・マズローの「欲求5段階説」は有名です。

人間にとって一番大事な欲求は食欲、性欲、睡眠欲などの生理的欲求。

そして二番目に大事なのが安心して暮らしたい、危険な目に遭いたくない、不安を避けたいといった安全欲求だそうです。

そしてマズローによれば、**生理的欲求と同じくらい、安全欲求は強いもの**だとされています。

雑談するときは、まずは相手に腹を向けること。相手が正面にいれば、おのずと相手に腹を向けることになりますが、例えばエレベーターで横並びになったときも、視線は正面（扉の方向）でも、少しだけ相手に腹を向けてみてください。グッと印象が変わります。

4人テーブルで雑談しているとき、自分の目の前、自分の斜め前、自分の横に人がいます。そのときも、自分の目の前の人が話しているときは目の前の人に腹を向け、斜め前の人が話しだしたら少しだけお尻をずらしてその人に腹を向け、横の人が話しだしたらまた少しだけお尻をずらして横の人に腹を向ける。

視線ももちろん大事ですが、最も重要なのは腹です。

ぜひ、相手に自分の重要な部分を見せて、相手に安心してもらえる空間を作るところから雑談をスタートさせてみてください。

Road to Executive

一流は、相手に腹を向ける

☑ 相手に安心できる空間を提供する

ボディーランゲージ

三流は、無動作で話し、二流は、大げさな動きをし、一流は、どうする？

日常のコミュニケーションでは、言語だけではなく、ボディーランゲージで表現することが多々あります。

例えば「あれ取って」と言うときに指をさします。別れ際に手を振ることも、話を聞いているときに頷くのもそうです。このように私たちは、無意識に多くのボディーランゲージを使い、伝えたいことを表現しているのです。

雑談しているときもそうです。自分が話しているときに、相手がまったく動かなかったら話しにくいですよね。ですから、通常は無意識のうちに何かしらボディーランゲージを使って会話をしています。

とはいえ、雑談をするときに、やけにボディーランゲージで表現してくる人は、ちょっと引いてしまいますよね。オーバーアクションというか。「昨日、足元が気になって、靴下をよく見たら左右違う色の靴下履いててさ」、なんて話に、「お〜!!! それは超おもしろい! すごい! 奇跡だ!」なんて大げさに反応されても困りますもんね。

一流は、「最適なボディーランゲージ」を使いこなします。最適なボディーランゲージとは、相手が話しやすいボディーランゲージです。ポイントは手です。

例えば、相手の話を聞くときに腕を組む人。これは相手をブロックしているケースが多いです。肘をつく。これは退屈な証拠です。トランプ大統領がよくやるハンドジェスチャー。指を下に下げるポーズ。あれは自分のほうが立場が上であるということをアピールするときに使われると言われます。

逆に握手はどうでしょうか? 握手の由来は諸説ありますが、手に武器を持っていないことを証明することからはじまったと言われています。親和の証です。

手には人間の心理が表れます。雑談しているときも、「安心してお話ししていいですよ」「私はあなたに危害を加えるつもりはありませんよ」と示すために、手を上手に使うのです。こうすることで、相手が話しやすい空間を作ることが可能です。

具体的には、手をオープンに広げることです。**手の平を見せると、握手と同じように「武器を持っていませんよ」と相手に安全を届けることが可能です。**

よく名スピーカーが聴衆に向けて、手を広げて話します。これもオープンに話していますというサインです。

神は細部に宿るもの。

ぜひ、「なんだか話しやすい」と感じる相手の手の動きを注視してみてください。一流は、そんな些細なボディーランゲージにもこだわりを持って快適な空間を創造しています。

Road to Executive

一流は、
手の動きで相手の心を開く

☑ 手を使って
安心・安全な空間を作り出す

自己開示

三流は、まったく開示できず、二流は、100%開示し、一流は、どのように開示する？

「自己開示の法則」という言葉を聞いたことがありますか？

自分のいいところも、悪いところも、ありのままにさらけ出すと、相手が警戒心を解き、自分のことを信頼してもらいやすくなるというものです。

いつも「俺ってスゴイでしょ！」と自慢してくる人よりも、「俺ってこんなダメなところがあってさぁ〜」と素直にマイナス面もさらけ出してくれる人のほうが安心します。

そして、自己開示には返報性があります。

例えば、

「私、学生の頃は赤点しか取ったことがなくて、超頭が悪かったんです」

と先に言えば、相手は、

「私もぜんぜん勉強しなくて……」

と言いやすくなります。

「最近ジムに通いはじめまして。1回目でギックリ腰になってドクターストップです」

と自己開示すると、

「ギックリ腰ですか！ 以前私もギックリ腰をやっておりまして…」

みたいに、相手も自己開示してくれるケースが多々あります。

ですので自己開示のプロは、相手を自己開示させるプロでもあります。

雑談に話を置き換えます。

まったく自己開示しない人とは話しにくいと思います。逆に常に100%開示されても、自分のことばかり話すおしゃべりさんと思われる可能性もあります。

雑談はお互いで作り出すハーモニーが大切です。ですから「お互いに開示し合う」ことがベストです。

具体的には、**こちらが自ら一つ開示して、相手に一つ開示してもらう。**さらにもう少し自己開示して、相手にも開示してもらう。少しずつ手札を見せ合うような感覚で楽しみながらやってみてください。

常に相手との距離を感じ取り、相手が開示しやすい状況を作ってあげましょう。

相手も自己開示したくないこともあります。逆に自ら開示したいこともあります。何が正解か？

それは会話の中で感じ取っていくしかありません。

一流は間違いなく感受性が豊かです。相手との距離感を察するのが上手です。お互い自己開示が進めば、距離が近づいている証拠です。

感受性を磨くためには、まずは先に自己開示して、相手の様子を観察していきましょう。

Road to Executive

一流は、少しずつ自己開示する

☑ 自己開示と他者開示が
交互にできるような雰囲気を作る

年配との接し方

三流は、好かれようとせず、二流は、仕事ができるアピールをし、一流は、どうする？

皆さんの周りには、なぜかかわいがられてる人、何をしても許されてしまう人、そんな愛されキャラはいませんか？

私はこれまで多くの若手経営者とお会いしてきましたが、末永く成功している人は、間違いなく年配の方に愛されています。そして他力を使うのが上手です。

いつも一人で孤軍奮闘している人は、どうしても天井がやってきます。一人で実現できるレベルが決まっているからです。それよりも、**「何だか助けたくなる」「支えたくなる」と思われる人は、年配の方からかわいがられ、助けられ、他力をお借りして永続的に成功していきます。**

では、年配の方にかわいがられる人というのは、どんなタイプでしょうか？

A：いつもバリバリ仕事して完璧で隙のない人
B：バリバリ仕事はするけれど、ときどき抜けていていじられる人

年配の方にうけるのは間違いなくBのタイプです。

ちゃんと仕事をしているのは当然として、どこか抜けている、ツッコみどころがある、「バリバリ仕事をしているうっかり八兵衛」みたいなほうが愛されます。

つまり、あえて隙を見せるということです。


例えば犬。

噛みついてきそうなドーベルマンよりも、腹を見せてコロコロ寝ているチワワのほうがかわいくありませんか？ まさに隙だらけで、安心してなでなでできます。

お笑いの世界でも、出川哲朗さんや上島竜兵さんはずっとテレビで活躍されています。

お笑いの賞レースで優勝したこともないのに、ずっと番組に出続けています。

ＭＣからすると、出川さんや上島さんがいると、スベっても、変な空気になっても、す

べて引き受けてくれるから安心するそうです。

コミュニケーションにおいて「安心」は基本中の基本です。

普段バリバリ仕事をしている若手経営者が、突然年配の経営者に、「○○さん、相談なんですが、僕、めちゃめちゃ友達少ないんです」みたいな、マイナス面をカミングアウトする。すると年配の方は、「そうか〜。じゃあ、○○さん紹介してやろうか」みたいな話になってきます。

逆に「私は顔が広いです」みたいな虚勢を張っていると、絶対に紹介はいただけません。

一流はそれがわかっています。

だから、あえてマイナスをカミングアウトする、弱みを見せる、いじられる。また、年配の方が親父ギャグを言ったら本気でツッコむ。スベったら、その変な空気すら引き受ける。すると「お前がいると安心するわ」と言われて、かわいがられるようになります。

Road to Executive

一流は、あえて隙を見せる

仕事もできるが
少しヌケている自分を見せる

年配との雑談

三流は、委縮して話せず、
二流は、とにかく持ち上げ、
一流は、どのようにする？

年齢が10歳、20歳離れている人とお話しするとき、話題に困ることはありませんか？

世代も違うし、知識も経験も異なるので、何を話したらいいかわからず、気まずい空気が流れることが多々あります。

そんなときに、上辺だけ取り繕って妙に持ち上げたり、ほめたりしても、「こいつ適当に言ってるな」とすぐに見抜かれます。


では、目上の人とはどのように話をするか？

それは、教えを乞うようにすることです。

人間は、目上の人が目下の人を指導するようにできています。

例えば、会社の先輩が後輩にお茶の入れ方を指導する、小学校の高学年が低学年の面倒を見る、自分に弟が生まれれば無条件でかわいがる……。

江戸時代には全国に6万カ所も寺子屋があったと言われていますが、ほぼボランティアのような形で、先生が塾生に読み書き算盤《そろばん》を教えたと言います。

別に後輩にお茶の入れ方を教えたからといって、給料が上がるわけではありません。寺子屋で読み書き算盤を教えたからといって、先生が儲かるわけでもありません。

しかし、金銭が発生しなくても、人間が子孫を残そうとするのと同じように、上の人が下の人に経験を継承することがDNAレベルで組み込まれているのです。

「人間は継承したがっている」、つまり教えたがっているということを理解すると、年配の方との会話ポイントが見えてきます。

例えば、上司との会話で、

「○○さんって知識の量がすごいですよね」よりも、

「○○さんって知識の量がすごいですよね。どうしたらそんなにインプットできるんですか？」と教えを乞う。

経営者と会話するときは、

「○○社長は、いつもモチベーションが高いですよね」よりも、

「○○社長は、いつもモチベーションが高いですよね。なぜそんなにモチベーションが高いんですか？ その源泉は何ですか？」と教えを乞う。

キーワードは「どうしたら」「なぜ」です。

会社の先輩が「先日研修受けて、こんないいこと聞いてきたんだ～」と後輩にシェアしたときに、「あ～、それ私も何かの本で読みました」なんて言ったら、先輩は話すのをやめてしまうでしょう。

上司、部下の会話でも、一生懸命メモを取って必死で教えを乞おうとする部下のほうが断然かわいいはずです。

年配の方とお話しするときは、「どうしたら、そのように？」「なぜ、そんなに？」「もう少し詳しくお聞きしてもよろしいですか？」などを使って、経験則を引き出して、自身の教養も広げてみてください。

Road to Executive

一流は、教えを乞う

☑ 経験則を引き出すような質問をする

苦手な上司との接し方

三流は、近寄らないようにし、二流は、近寄って仕事の話をし、一流は、どのようにする？

誰にでも苦手な人はいますよね。高圧的で話しかけにくい人とか、いつも説教をしてくる人とか。特に「上司が苦手です……」という人は多いと思います。

心理学に『単純接触の原理』というものがあります。**接触回数が多いほど好感が持てるようになる**という原理です。

確かに、初対面の人より、何度も会っている人のほうが話しやすいし、好感が持てます。

しかし、その理論で言えば、毎日会っている上司に対して好感が持てないというのはあり得ないように思えますが、現実は違います。接触回数による好感よりも、イヤな部分のほうが上回っているからです。

では、どうすれば苦手意識を克服できるのか？

普段の「会話の中身」を見ていくとヒントが見つかります。

上司とは接触回数は多くても、きっと仕事の話しかしていないはずです。上司の家族、趣味、好きな食べ物、最近ハマっているもの……。ほとんど知らないのではないでしょうか？

もし、いつも怖い顔をして高圧的な上司が、家では親御さんの介護をしていて、しかも奥さんを亡くし、子供を一人で育てていたとしたら。朝ごはんを作り子供に食べさせて、親御さんの世話もしながら毎日会社で遅くまで働き、週末は掃除に洗濯に明け暮れて、休む暇もなく働いていたとしたらどうでしょう？　ちょっと見方が変わってきませんか？


人間は情報が少ないと不安になるのです。逆に情報を得ると安心します。

なぜ、お化け屋敷が怖いのか？　まっ暗闇で、突然何かが出てきそうだから怖いのです。まさに情報が少ない状態です。

異国の人と話すとき、その人はどこの国の人で、今何をしている人なのか、まったくわからない状態では安心して話せません。逆に情報があれば、いろいろお話しすることができます。

上司との会話に話を戻します。

なぜ苦手な上司とは毎日会っているのに仲良くなれないのか？　それは仕事以外、その上司のことをほとんど知らないからです。

そんなとき、飲み会は絶好の機会です。お酒の力も借りて、

「○○さんって、何人家族なんですか？」

「最近ハマっている趣味とかあるんですか？」

と聞いてみてください。

「そんなこと聞きづらいです……」という人は、まずは自ら情報を開示してみてください。

苦手な上司とも、「できれば良き関係を築きたい」「良き関係を築いてストレスなく会社に行きたい」と願うなら、お互い少しずつ腹を見せ合って、情報を開示することで安心できる関係を築くことがベストです。腹を割って話す。安心できる人間関係の基礎です。少しお互いの情報を交換してみてはいかがでしょうか？

Road to Executive

一流は、腹を見せ合う

☑ 相手の情報を知ることで安心できる

Chapter 6

好印象の残し方

印象づけ

三流は、過度にアピールし、二流は、控えめにアピールし、一流は、どうする？

話が流暢で、学歴も高く、大企業に勤めていて、自信もある。一見完璧なのに、「なぜかまた会いたいと思わない……」そんな人に出会ったことはありませんか？

また、とっても親切で、真面目で、いい人なんだけど、なぜか惹かれない、みたいなこともよくありませんか？

これはなぜか？　人間の脳を分析すると答えがわかります。

人間の脳は「変化に反応する」ようにできています。

例えば、映画のストーリー。最初から最後まで順風満帆のヒーローの物語を見たいでしょうか？　おもしろくないですよね。最初は失敗して、どん底で、キズだらけになって、そして終盤に向けて大躍進していく。そんな物語のほうがおもしろいです。

映画のストーリーは、大抵「失敗から成功へ」という変化で構成されています。

スーパーで100円の卵が売っていたとします。「100円です」と販売するより、「200円が今日だけ100円!」と表示したほうが売れます。同じ100円で販売しているのに、200円が100円と言われるほうが、変化があるから反応してしまうのです。

将棋棋士で有名な羽生善治さんの将棋はとてもおもしろいです。

羽生さんは前半ボロ負けしていることが多いです。しかし後半に誰も思いつかないような鬼手を一手打ち込み、大逆転します。これもボロ負け↓大勝利、という変化です。

人間は変化に反応しますし、お経のようにリズムに変化がないと眠たくなります。

では、雑談に変化を応用するとどうなるか?

いかにも優秀で、頭も良さそうで、話しもうまい。これでは変化がないので印象には残りません。優秀で頭が良さそうに見える人は、逆に頭の悪そうな話をしたほうが魅力的です。

私もいろんな経営者とお会いしますが、大成功している社長ほど、昔はダメダメな営業マンだった、女性で失敗した、自己破産した、みたいな話をおもしろおかしくしてくれます。逆に、おバカキャラの人は、たまにアカデミックな賢い話をすると、「あれ、印象と違う」ということになります。

町一番のヤンキーが、仔猫に餌を与えているところを見たらキュンときませんか？
相手に印象づけるのは、変化、つまりギャップです。
見た目が綺麗な人は、クシャクシャになって笑えればいいし、いつもニヤケている人は、たまに真剣な眼差しで語るとドキッとします。

一流と言われる人ほど、いかにギャップを作って相手を惹きつけるか。そこを徹底的に研究しています。

普段自分はどう見られているか？ そこにギャップを作るとしたらどんなことをすればいいか？ ぜひご自身を分析してみてください。

Road to Executive

一流は、ギャップを見せる

☑ 予想を裏切ることで印象を残す

記憶に残す

三流は、特徴のないキャラになり、二流は、万能キャラとして記憶に残り、一流は、どんなキャラとして記憶に残す？

あなたは、相手にどんなキャラとして記憶に残されていますか？

突然、「どんなキャラとして記憶に残す？」と聞かれてビックリされたかもしれません。しかしとても大事な話です。相手と別れたあと、相手はあなたのことをどのように記憶しているかということです。

いつも大笑いしている爆笑キャラでしょうか？　誰よりも反応してくれるリアクションキャラでしょうか？　会話をスルスル引き出す質問キャラでしょうか？

一番記憶に残らないのが「無難キャラ」です。

例えば、ねぎを思い出してみてください。万能ねぎは何にでも使えます。しかし九条ねぎのキャラには勝てません。九条ねぎの甘さといい、シャキシャキ感といい、ねぎ単体で成立しています。値段も通常のねぎの3倍くらい高いです。しかし、それだけの価値があるので売れています。

以前、オネエの方々がいる新宿二丁目のお店に連れて行ってもらったことがあります。そこで人気ナンバーワンの方に、ナンバーワンになる秘訣を質問してみました。すると、「そんなの簡単よ～。乾杯とか、お料理が出てくるときに、『ワーイ』『イエーイ』『オ～』って言えばいいのよ」と返ってきたのです。

それだけ？　とビックリしました。しかしよく考えると、確かに乾杯や料理が出てくるシーンはちょくちょくあります。

そのたびに『ワーイ』『イエーイ』『オ～』って反応するだけでその場が明るくなる。するとその人がいるからその場が明るくなると、周りは錯覚するそうです。

何かが出てきたときに誰よりも盛り上げる。その場を明るくすることに命をかける。「**ワイ、イエ、オーの法則**よ」と教えていただきました。

突出している箇所。これを私たちのスクールでは「エッジ」と言っています。**一流の人**

は必ずエッジが利いています。

以前、居酒屋を100店舗まで広げられた経営者にお会いしました。

「100店舗まで広げた秘訣は何ですか?」と聞いてみました。

すると即答で「大きな声で挨拶すること」と返ってきました。

誰よりも元気に明るく自ら挨拶をすること。たとえ部下だろうと友人だろうと、子供や両親にさえも。

「挨拶と言えばこの人」という強烈なエッジが利いている方でした。

尖《とが》るとそれを批評する人も出てくるでしょう。しかし、成功者はそんなことを気にせずにどんどんチャレンジしていきます。**成功もあれば失敗もある。そうやって場数を踏んで、腕を磨き、成功していくのです。これが成功者のパターンです。**

無難を選べばリスクはないと思われます。しかし記憶に残ることもないでしょう。

エッジを利かせれば嫌われることもあります。しかし強烈なファンを生み出す可能性も出てきます。あなたにも何か一つでいい。これだけは誰にも負けないというキャラを発掘してみてはいかがでしょうか?

Road to Executive

一流は、唯一無二のキャラとして記憶に残す

☑ ファンができるくらいの
大きな衝撃を残す

最後のひと言

三流は、「それでは」とひと言伝え、二流は、「楽しかったです」と感想を伝え、一流は、何を伝える？

「それでは」と、相手に伝えて別れるシーンがよくあります。

しかし、これだけでは物足りません。その前に「今日は楽しかったです」とひと言つけ加えるのも悪くはありませんが、一流はもっと最後のひと言にこだわりを持っています。

終わりよければすべてよしではないですが、途中何か失言があったり、変な空気になったとしても、去り際のひと言でそれらをひっくり返せることがあるからです。

皆さんはどんな言葉で最後をしめますか？


さて、本題に入る前に、少しだけ普段の会話を思い出してください。

例えば、あなたが明るい後輩をほめるとします。そのときに、「〇〇君はいつも明るいね」とほめるか、それとも、

「○○君は挨拶がとても元気がよくて気持ちいいね」とほめるか。

ある経営者と会食をしたとして、
「今日は楽しい話をありがとうございました」と伝えるか、
「今日の創業時の苦労話、メチャメチャ勉強になりました。また聞かせてください」と伝えるか。

前者と後者の違いは「抽象と具体」です。きっと**前者のように抽象的に伝えられるよりも、後者のように具体的に伝えられるほうが相手は気持ちがいいはずです。**

具体的に伝えると、「ちゃんと自分の話を聞いてくれていたんだ」「ちゃんと自分のことを見ていてくれていたんだ」という気持ちになり、承認欲求が満たされます。

雑談の去り際も、話に出た具体的なトピックスを一つピックアップしてみてください。
旅行の話が出たのであれば、
「○○さんの旅行の話、とても刺激的でした。ぜひまた聞かせてください」

最近疲れている……という話が出たのであれば、

「○○さん、明日くらいは早く帰宅してくださいね」と。


以前、新卒1年目の方と私がお茶をしていたときのことです。

バカ話をしたり、仕事の話をしたり、たわいもない話を1時間ほどしていました。

何をしゃべったか覚えていないレベルの雑談です。しかし、その方は、私と話している間、ちょいちょいメモを取っていたのです。そして別れ際に、

「桐生さん。今日の教育業界の話、とても共感しました。ぜひまた聞かせてください」

と言われました。

私は「え、そんな話をしたっけ？」というレベルだったのですが、そう言われてとってもうれしかったのを覚えています。そしてそのことが記憶に残り、今ここに書いてます。


相手の記憶に残すには具体的なエピソードが必要です。去り際の美学として、ぜひ「今日のトピックスを一つ伝える」ことを実践してみてください。そのたったひと言がご縁をつなげる大事なかけ橋になることでしょう。

Road to Executive

一流は、記憶に残った具体的なエピソードを伝える

☑ 別れ際のひと言に注力し、
また会いたい気持ちを作り出す

もう一度会うためのコツ

三流は、普通に「サヨナラ」し、二流は、次の約束を取りつけようとし、一流は、どうする？

初対面なのにまた会いたくなる人、会いたいとは思わない人。この違いはどこにあると思いますか？　プレゼンや商談、合コンで、「次も会いたい」と思ってもらえる機会が増えれば、あなたの人間関係は大きく広がります。

では、次も会いたいと思っていただくにはどうすればいいか？　普通に「さようなら」を言うだけではダメですよね。そのためには「親近効果」を利用するのです。

親近効果とは、アメリカの心理学者N・H・アンダーソンが提唱したもので、簡単に言えば、**「人は最後に得た情報に影響を受けやすい」**という効果です。

例えば、映画で「ラスト5分に衝撃の結末が！」というものがあります。ラスト5分でとんでもない結末を迎えると、それまで大したことのない内容だったとしてもラスト5分の内容が強烈なインパクトとなって頭に残り、誰かに話したくなるのです。

これは人間関係にも言えることで、**最後に与えるインパクトが次の展開にも大きく影響します。**

去り際にインパクトを与えるには、相手の頭の中に「空白」を作ることです。つまり、続きが気になる「フレーズ」を残して去るということです。

「また機会がありましたらお会いしましょう」では、空白を作れません。

これを、

「確か、青魚が好きだとおっしゃってましたよね。新宿に青魚専門の有名なお店があるんですよ。ぜひ今度行きましょう」というトークに変えてみる。

相手の頭の中に、「青魚専門の有名なお店」という空白を残して去る。すると、実際に行くかどうかはわかりませんが、相手は気になるはずです。なぜなら、人間の脳は空白を嫌うからです。

「今回はなんと三つ景品を用意しました！　一つ目は5000円分の商品券。二つ目はディズニーランドペアチケット。そして三つ目は……当たってからのお楽しみ！」

と言われると、とっても三つ目が気になりませんか？

昔、ＴＯＫＩＯさんがＭＣをやっていたテレビ番組のコーナーで『ガチンコファイトクラブ』というものがありました。ＣＭに入る前に必ず、「このあと、とんでもない結末が!!」というナレーションが入ります。「とんでもない結末」という空白を作られると、気になって埋めたくなります。結果、チャンネルを変えずにＣＭあけを待つことになります。

次も会いたいと思ってもらうには、「相手の脳に空白」を作ることです。

空白を埋めたくなる心理を活かして番宣する（気になるフレーズを伝える）。番宣は即興では作るのは難しいと思うので、**最初はその場のシチュエーションに合わせていくつか用意しておくこと**をオススメします。試していくうちにアドリブでできるようになります。

一流はご縁の大切さを知っています。１回のご縁を紡ぎ育む。それを実行すべく、常に番宣で布石を打っているのです。

Road to Executive

一流は、相手の脳内に空白を作る

☑ 続きが気になる番宣を用意する

別れ際

三流は、軽く頭を下げ、二流は、深々と一礼し、一流は、どう見送る？

「ほんの1秒、2秒なのにおしい……」と思うことがよくあります。それは商談の去り際です。

エレベーターでお見送りするときに、エレベーターが完全に閉まる前に頭を上げる人、また完全に閉まり切っていないのに部屋に戻ろうとする人。

本来ならば、エレベーターが完全に閉まるまで頭を下げて感謝の気持ちを伝えるべきところ、エレベーターのドアが閉まる前に次の行動を取ってしまうのです。せっかくそれまでの商談がいい雰囲気だったとしても、この一瞬の行動で相手の印象は悪くなります。

逆に去り際が徹底されている企業は、気持ちがいいです。

以前私が、売上高1兆円を超える老舗企業で講演をさせていただいたときのこと。担当者が玄関までお見送りをしてくれました。私はお礼を言い、玄関を出て、そのまま真っすぐ歩きだしました。少し歩いて曲がり角に差し掛かったときに、一応玄関のほうを振り返ってみると、なんとその担当者はまだ頭を下げておられました。

やはり売上高が兆を超える伝統ある企業は、しっかり研修されていると感心しました。

また、私が出張したときのこと。

あるホテルに宿泊した際に、エントランスでタクシーを呼んでもらいました。タクシーに乗って少し走ったところで、私はホテルのエントランスが気になり振り向きました。すると、なんとホテルの方がまだ頭を下げてお見送りをしてくれていたのです。

以来、私はそのホテルの常連になりました。

前項でも去り際のインパクト「親近効果」をお伝えしましたが、やはり最後に好印象を残すと、ずっと記憶に残り、また会いたくなります。

私の友人で、保険業界で世界ランクの称号を持つトップセールスマンがいます。

彼は、お客様の玄関先を出るときに、たとえそこにお客様がいなくても、「本日もお会いいただきありがとうございました」と気持ちをこめて、玄関で深々と一礼をして、その会社をあとにするそうです。

エレベーターであれば完全にドアが閉まるまでお辞儀をする。
お見送りのシーンでは相手の姿が見えなくなるまでお見送りする。
友達との別れ際でも相手が見えなくなるまで大きく手を振る。

これらは、ほんの少しの時間です。
その少しの時間が、そのあとのあなたの印象に大きな影響を与えます。

まさに去り際に宿る女神。
ぜひ、別れ際にほんの少しだけ、出会いに感謝する時間を意識してみてはいかがでしょうか？

Road to Executive

一流は、見えなくなるまで感謝を伝える

☑ 別れ際のほんの少しの努力が、
大きなインパクトを与える

Chapter 7

雑談がうまい人の心構え

相手への関心

三流は、無関心のままにし、二流は、無理やり興味を持とうとし、一流は、どうする？

私が主催するモチベーション&コミュニケーションスクールでは、過去3万人の方が受講されましたが、「他人に興味が持てません……。相手との会話も弾みません……」という声を多数いただきました。しかし、それは無理もありません。なぜか？

解説します。

今、あなたの身近な人の中に、あなたが本当に興味を持てる人は何人くらいいますか？

例えば、あなたが8人の課の職場で働いているとします。その8人の中で、あなたが本当に興味がある人は？

正直、一人いるか、いないかではないでしょうか？

例えば5対5の合コンで、めちゃくちゃ興味がある相手と出会う確率はどのくらいでしょう?

これも一人いるか、いないかではないでしょうか? 5人ともメチャメチャタイプです!みたいなことはないですよね。

普通は、興味を持てる相手に出くわすほうが稀なのです。

では、どうすれば興味が持てない相手と会話を弾ませることができるのか?

それは、あなたが「好奇心」を持つことです。

例えば、釣りに興味はなくても、釣りの話を聞くことで、まだ自分が体験したことがない知識を増やすことができる。これは、まさに好奇心を満たす行為です。

それができれば、今度、誰かと話すときに、「先日釣り好きの人から聞いた話なんだけどさ~」みたいに、話のボキャブラリーを増やすこともできます。

決して無理やり興味を持とうとするのではなく、知らないものを知ろうとする好奇心をかき立てるのです。そして、まるでレポーターが取材するかのごとく聞きます。

「釣りが好きなんですか! 私、全然やったことがないんです。どこがおもしろいんですか? 今、ブラックバスとか流行ってるんですか? やっぱりルアーはいくつも用意されているんですか～？」

このように、新たな知識を得るつもりでインタビューしてみます。

昔、ある有名な講演家から、「人の話を聞くときは、自分がその道の専門家になるような気持ちで聞きなさい」と教えていただいたことがありました。

例えば、ラグビーが好きな人と会話をするときには、誰かにラグビーの話ができるくらい、その人からインタビューしなさいという教えです。記者がメモ帳とエンピツを手に取りながら聞き取りをするかのごとく。そうすれば、相手も大変満足して話してくれるはず。

哲学者ソクラテスの思想を表した言葉で「無知の知」というものがあります。**「知らないことを自覚すること。これがよりよく生きるための指針である」**というものです。

好奇心は会話を盛り上げると同時に、自分のモチベーションも盛り上げるスイッチにもなるのです。

Road to Executive

一流は、好奇心を満たそうとする

☑ 新たな知識を得られるという喜びを感じながら話を聞く

自信

三流は、自信が持てず、
二流は、アファメーションで自分を高め、
一流は、どうやって自信をつける?

「人と会話をするのが苦手」「初対面だと緊張する」という声を全国各地からいただきますが、その根っこには「自分に自信が持てない」という不安が存在します。

自信を持つためにはアファメーションという技法がよく使われます。

アファメーションとは、「自分自身に肯定的な宣言をする」ということです。具体的には「自分はやれる」「自分はできる」と自認すること。

それ自体はとってもいいことだと思います。しかし、何のよりどころもなくただ自分を認めても説得力がなく、「やっぱりダメかも」という気持ちが振り子のように戻ってきてしまいます。

では、どうすればいいのか？

実は「自分に自信が持てない」という人に話を聞くと、常に自信がないわけではないのです。自信を持って話せるときもあるのです。

例えば、自分が大好きなこと（好きなアイドル、趣味のプラモデル、映画鑑賞、カメラ、スイーツ）、自分が昔からハマっているもの、大好きなものに関しては、臆することなく話せます。仲のいい友人や家族と話すときに緊張して話せないという人はいません。つまり自信を持って話せる能力自体はあるということです。

では、なぜ自信を持って話せるときと、話せないときがあるのか。

それは「見通し」が関係しています。

自分が話すことについて見通しが立っているときは、うまく話せます。だから好きなアイドルのことや、30年続けている趣味については話せるでしょう。人間は、「おおむねこんな話になる」「こんな展開になる」と想像できるときは自信を持って話せるのです。

しかし、突然「メソポタミア文明について30分話してください」と言われたら、急に自信がなくなります。メソポタミア文明については、よく知らないからです。

つまり、話す見通しが立たないのです。

話を雑談に戻します。雑談はとっさの出来事。その場に応じてどんな話になるかわかりません。しかし、想像力を使って見通しを立てることは可能です。

本書で述べてきたように、雑談のはじめ方、広げ方、聞き方、盛り上げ方、好印象の残し方を実践して経験を積んでいけば、雑談においてもだいたい予測が立てられるため、いつもより自信を持って会話ができるようになります。

そういう意味でも、本書をどんどん活用していただきたいと思っています。

人間の最強の能力は想像力、つまりイマジネーションです。イマジネーションは無限です。いくらＡＩが発達しても人間を超えることはないでしょう。

想像することは自由です。その**想像した世界の鮮度が高いほど実現していきます。**

その第一歩として、皆さんの想像力をフル活用して、「今日はどんな会話ができるかな？」「あの人とどんな会話で楽しもうか」と、雑談が楽しくなるようなイメージをしていただきたいと思います。

Road to Executive

一流は、イマジネーションで会話に自信をつける

☑ 会話の見通しを事前に立てておく

自己投資

三流は、何も学ばず、二流は、知識を得るために学び、一流は、何のために学ぶ？

私は職業柄、多くの経営者とお会いします。個人事業の人も含めると過去に1000名以上の人とお話ししました。

私は必ずお会いしたとき、皆さんに「今、何を学んでいらっしゃいますか？」と質問するようにしています。その答えとして頻繁に出てくるのが、「話すこと」です。

人間は普通に毎日話せているわけですし、わざわざ習う必要はない、と思う人もいるかもしれませんが、一流は違います。

我々は話すことを1日に何回も行い、相手に意思を伝え、コミュニケーションをはかります。一流は話すことをないがしろにしません。だから本から学んだり、研修やセミナーに参加したり、コーチから話すことを習うのです。アメリカでは、ビジネスマンがスピーキングやボイストレーニングを習うのは当たり前のことになっています。

一流が学んでいるのは、すごく普通のことです。

例えば「呼吸」。普通は「呼吸なんて勉強するものではない」と思われるかもしれません。しかし、呼吸のやり方、深さ、リズムで、その人のコンディションは大きく変わります。一流と言われる人には、呼吸や瞑想を取り入れている人が非常に多いです。

歩くこともそうです。歩くことも別に習わなくてもできます。しかし、歩き方を少し変えるだけで消費エネルギーが変わります。ダイエットには効果テキメンです。

何が言いたいかというと、**成果を出す人は、「普通にできること、しかし価値があること」に注力している**ということです。

では、雑談ではどうでしょうか？

雑談も普通にできることかもしれません。しかし、最初の挨拶、話の切り出し方、ボキャブラリーの増やし方、話の聞き方、反応力、これを勉強するだけで、相手との関係性は大きく変わります。

雑談は日常からでも学べます。例えばテレビ。

明石家さんまさんがよく使うのは、「へ～なるほど～」「ほ～それで？」「ほしたら？」「ほんで？」というあいづち。これをどんどん使って、話を盛り上げていきます。タモリさんの雑談スキルの高さも非常に有名ですし、バラエティ番組の司会者は本当に会話がうまいです。

私は毎朝『おはよう寺ちゃん活動中』というラジオ番組を聞いているのですが、MCの寺島尚正さんは、「ええ～」というあいづちを3パターンに使い分けています。毎朝ゲストを呼んで政治、経済、時事ネタを話すのですが、いつも大変盛り上がっており人気番組になっています。

一流は間違いなくコミュニケーションの達人です。**常に、「どんな会話をしたら相手が心を開いてくれるか」「相手が求めているものは何か」「相手が喜んでくれるものは何か」などを徹底的に研究しています。**

たくさん学び、いろんな知識を増やすことも必要かもしれません。しかし、本質は「価値があることを学ぶこと」です。「習わなくても普通にできること。しかし価値があること」を大事に、ぜひ自己啓発に取り組んでいただきたいと思います。

Road to Executive

一流は、
日常で成果を出すために学ぶ

普段あたり前にできていることこそ
自己啓発する

成功の秘訣

三流は、生まれ持った才能と答え、二流は、意思の強さと答え、一流は、何と答える?

成功者には雑談がうまい人が多いです。「会った瞬間になぜか心を開いてしまう」「話していて楽しい」「また次も会いたくなる」そんなコミュニケーションの達人ばかりです。では、そういった成功者の共通点は何か? それは成功者が口々に語る言葉に注目すると見えてきます。

これまでも、成功法則として、「夢や目標が大事、意思の強さ、志の高さ、夢の大きさ、経験の豊かさ、挑戦の数」などが、いろいろなところで語られてきました。しかし、一つだけ必ずと言っていいほど共通して語られることがあります。

それは……「運の強さ」です。

努力や才能、そういったことも必要だと思いますが、功績を残した方々の自伝には必ず

「偶然」「たまたま」「幸いにも」「運よく」という言葉が並びます。

松下幸之助さんが面接のときに、「君は運の強い人間かい？」と質問したことは有名な話です。２０２1年大河ドラマにも決定している渋沢栄一さんも「良い運は良い人に」と運について語っています。萩本欽一さんの『ダメなときほど運はたまる』（廣済堂新書）もベストセラーとなりました。

運とは、その人の意思や努力だけではどうにもならない良き巡り合わせを指します。自分の領域を超えて良き方向に運ばれていくものです。

私が知っている経営者には、一時は癌と宣告されたが後に奇跡的な回復を見せて大成功したという人や、九死に一生を得るような大事故に遭いながらも見事に復活したという人が多数います。

そう考えると、私も相当運が強いと思います。

私の祖父は太平洋戦争を戦いました。祖父は、今で言う北朝鮮の会寧《かいねい》からフィリピンに船で向かう途中、奇襲攻撃に遭いました。船は沈没し６００人の乗組員のほとんどが亡くなりましたが、奇跡的に7人だけが生き残りました。そのうちの一人が私の祖父です。2、

3日海で漂流し、救援隊に救助されたそうです。
そう考えると、私が今生きていることも奇跡です。運が強いとしか思えません。

癌や大事故、不運からの脱出、奇跡的な出来事、そういった経験を持っている人だけが運が強いのかというと、そうではないです。人間は1回の射精で1~3億の精子が放出されます。そのたった一つが卵子に到達して受精します。何億もの精子からたった一つ生き残ったのがあなただとしたら、こんな奇跡はありません。**すでに誰もが幸運の持ち主です。**

生まれたこと自体が幸運。生きているだけで幸せ。明石家さんまさんのお子さんIMALUさんは、「生きているだけで丸儲け」の略でイマルだそうです。そんな解釈ができる人に、人も情報もお金も、そして幸運も集まってくるのではないかと思います。

雑談も人間関係を形成する大事な要素。**誰だって「私は不幸だ」と思っている人よりは、「私は幸せである」と思っている人と話したいはずです。**そのためにも、私たち個人が「生まれたこと自体が奇跡」という解釈を持って、心の底から感謝できるかどうか。ここが人生を豊かにする最大のポイントだと思います。

Road to Executive

一流は、運の強さと答える

☑ 「生まれたことが奇跡」という解釈を人生に取り入れる

熱

三流は、不燃、
二流は、可燃、
一流は、どうやって燃える？

人が集まってくる人、人を遠ざける人。２種類の人が存在します。

人が集まってくる人は、やはり温かくてエネルギーがある人ではないでしょうか？

一緒にいて暗くなる人とは雑談もしにくいですよね。


「はじめに」でも書きましたが、雑談とは「雑を談する」と書きます。

「雑」とはとりとめもない話、「談」とは話すことで燃え立つ炎を意味します。つまり、たわいもない話から場が盛り上がっていくことです。

そう考えるとやはり湿ったマッチのような人ではなく、燃え盛る炎のように周りを温かくしてくれる人のほうに人は集まってきます。

京セラを創業し、ＫＤＤＩの前進であるＤＤＩを立ち上げ、２０１０年に経営破綻した日本航空を再建させた稲盛和夫氏が常に口にされていた言葉があります。

それは「自燃」です。「世の中には、まったく燃えない不燃の人、人から言われて燃えだす可燃の人、そして自ら燃えだす自燃の人、３種類いる。我々は自ら燃えることができる自燃の人になろう」という教えです。

では、自燃の人とはどんな人でしょうか？

数々の成功者が必ず持っているもの、それは「問題意識」です。エネルギー値の高い人は、問題意識が強烈に高いのです。

稲盛会長が日本航空を再建されたときは、「このままでは航空業界だけではなく、日本の経営が良くならない。絶対に再建させなければならない」と強烈な問題意識を持って、取り組まれたと思います。

問題意識とは、現状と未来の差分に問題を感じる意識のことです。

その意識が高ければ高いほど「何とかしたい！」という熱を帯びてきます。すると暖炉で暖まるかのように、そこに人が集まってきます。

雑談についても、「どうせたわいもない話、雑談なんて自分には関係ない」と捉えている人と、「雑談は人間関係を豊かにするきっかけになる。雑談を通じて周りの人といい関係性を築かねば」と問題意識を持っている人とでは、どちらが雑談に熱を帯びているでしょうか？

間違いなく後者です。

この本を手に取ってくれた人は、「もっと雑談がうまくなりたい」「もっとスムーズに会話ができるようになりたい」「雑談を通して周りの人との関係性を豊かにしたい」と問題意識を持っている人だと思います。

そういった人が、**一生懸命雑談を研究し、普段の会話に取り入れ、相手に喜んでもらえる会話に挑戦し続けるのであれば、間違いなく会話は熱を帯びてきます。**そしてその熱に人が集まってくるのです。

ぜひ、これからも雑談を探求し、実践することで、大切なご縁を育んでください。

きっとあなたの会話が、誰かの未来を変えるときがくるはずです。

Road to Executive

一流は、自燃

積極的に雑談をして、自ら周りの人と関係を良くしようとする

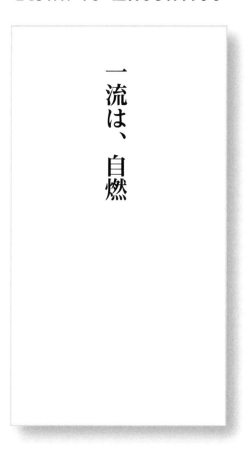

おわりに

これからは、車が無人で走り、荷物はドローンが家まで届けてくれ、お店からはレジがなくなり、人を介さずにあらゆることが実施できる世の中がやってくるでしょう。テレビの役割がスマホに移れば、お茶の間で家族が集まってテレビを見ながら団らんすることも減っていきます。

ＩＯＴが進化して冷蔵庫やレンジが自動で料理を作ってくれるようになれば、子供が料理を手伝うこともなくなるかもしれません。

そんな世の中で、今後確実に言えることは「**リアルなコミュニケーションが激減していく**」ということです。リアルなコミュニケーションとは、実際に会って、会話を交わし、感情を汲み取り、直接的に意思疎通を図るコミュニケーションです。

私は、世の中が進化することは素晴らしいことだと思っています。ただ問題なのは、その進化の一方で、リアルなコミュニケーションがまったく進化していないことです。車は、アクセルとブレーキの両方を進化させて性能のよい車をつくってきました。それと同じく、ネット上のコミュニケーションとリアルなコミュニケーションが高次元で発展していくからこそ、素晴らしい人間関係が形成されるのです。

いま日本の教育業界は、リアルなコミュニケーションを学ぶ環境があまりにも脆弱です。それを補うべく、私はモチベーション&コミュニケーションスクールを立ち上げました。まだまだ非力ではありますが、当社のコミュニケーショントレーニングは全国に広がっています。

リアルなコミュニケーション力を磨くにはどうすればよいか?

それが本書のテーマ「雑談」です。

雑談は、いつでもどこでも、誰とでも実施できるリアルなコミュニケーションです。特段用事がなくても、話したいことが決まっていなくても、「最近どう?」から始められる意思疎通手段です。

にもかかわらず、話していて楽しい、嬉しい、おもしろい、あたたかい。そして隣にいてくれるだけで力が湧いてくる、そんな高揚感を相手に生み出す力を秘めています。

本書を活用することで、あなたのリアルなコミュケーション力が開花し、周囲の人と深い人間関係を築くことで、あなたの素晴らしい人生のストーリーが紡がれることを願っております。

最後までお読みいただき、本当にありがとうございます。心より感謝申し上げます。

株式会社モチベーション&コミュニケーション
桐生 稔

伝わる話し方メソッドが届く！
ぜひ LINE @ にご登録ください

・初対面だと言葉が出てこない
・なかなか会話が盛り上がらない
・急に話を振られると返答に困る
・突然質問されると上手く説明できない
・つい話が長くなってしまう
・論理的に話すのが苦手

こんなことでお困りではありませんか？

伝わる話し方を習得するには、特別な才能も根性も一切必要ありません。

明確なスキルが存在します。そのやり方を LINE から毎週無料でお届けいたします。

ぜひ一緒に伝わる話し方をマスターしていきましょう！

<伝わる話し方メソッド　LINE 登録>

ID：@phl8684g
https://lin.ee/66PDgCu

【研修・講演・取材のお問合せ】

株式会社モチベーション&コミュニケーション
代表取締役 桐生 稔
〒 163 - 0649　東京都新宿区西新宿 1-25-1　新宿センタービル 49 階
TEL：03-6304-5323　　FAX：03-6304-5268
MAIL: info@motivation-communication.com

お問合せはコチラ
https://www.motivation-communication.com/contact/

著者
桐生稔（きりゅう・みのる）
株式会社モチベーション＆コミュニケーション代表取締役
日本能力開発推進協会メンタル心理カウンセラー
日本能力開発推進協会上級心理カウンセラー
一般社団法人日本声診断協会音声心理士

1978年生まれ。新潟県十日町市出身。

2002年、全国1200支店運営する大手人材派遣会社に入社。極度な人見知りが原因で新卒3カ月で左遷される。そこから一念発起し、売上達成率No1を実現する。その後、音楽スクールに転職、事業部長として350名の講師をマネジメントする。

2017年、社会人のリアルコミュニケーション力を向上すべく、株式会社モチベーション＆コミュニケーションを設立。現在全国35都道府県でコミュニケーションセミナー、研修事業を展開する。

数多くトレーニングを行ってきた経験から、人の心が動くコミュニケーションパターンを発見。日経新聞、プレジデント、東洋経済ONLINE、Yahoo!ニュースなど、数多くのメディアにも掲載される。

セミナーや研修では、60分に20回以上笑いが起こり、場が燃え上がり、最後には衝撃的な感動が走る「心震わすメソッド」をお届けしている。

著書に『10秒でズバッと伝わる話し方』（扶桑社）がある。

雑談の一流、二流、三流

2020年 3 月16日 初版発行
2024年10月11日 第145刷発行

著者　桐生稔
発行者　石野栄一
発行　明日香出版社
〒112-0005 東京都文京区水道2-11-5
電話 03-5395-7650
https://www.asuka-g.co.jp
印刷・製本　シナノ印刷株式会社

ISBN 978-4-7569-2078-2

話し方で
「成功する人」と「失敗する人」の習慣

松橋 良紀 著

ISBN978-4-7569-1768-3
本体 1500 円＋税　B 6判　240 ページ

おもしろく話しているつもりなのになぜか場が盛り上がらない、真剣に話をしても信用されない、どうしても会話が続かないなどの悩みを解決します。コミュニケーションスキルを高める方法を、成功する人と失敗する人の対比から学ぶ会話術です。

人前で「あがらない人」と
「あがる人」の習慣

鳥谷　朝代 著

ISBN978-4-7569-1931-1
本体 1400 円＋税　B 6 判　240 ページ

人前で話すのが大の苦手。声や手が震えるのを抑えるのに必死で、アドリブ利かせるとかムリ。そんな人に、いつだって堂々とプレゼンできて生き生き見える人の考え方や行動のしかた、「あがり」の克服法を教える。「性格だからしかたがない」と思っていた人に、単なるスキルだと納得してもらう。

言いたいことが確実に伝わる
説明力

五十嵐　健 著

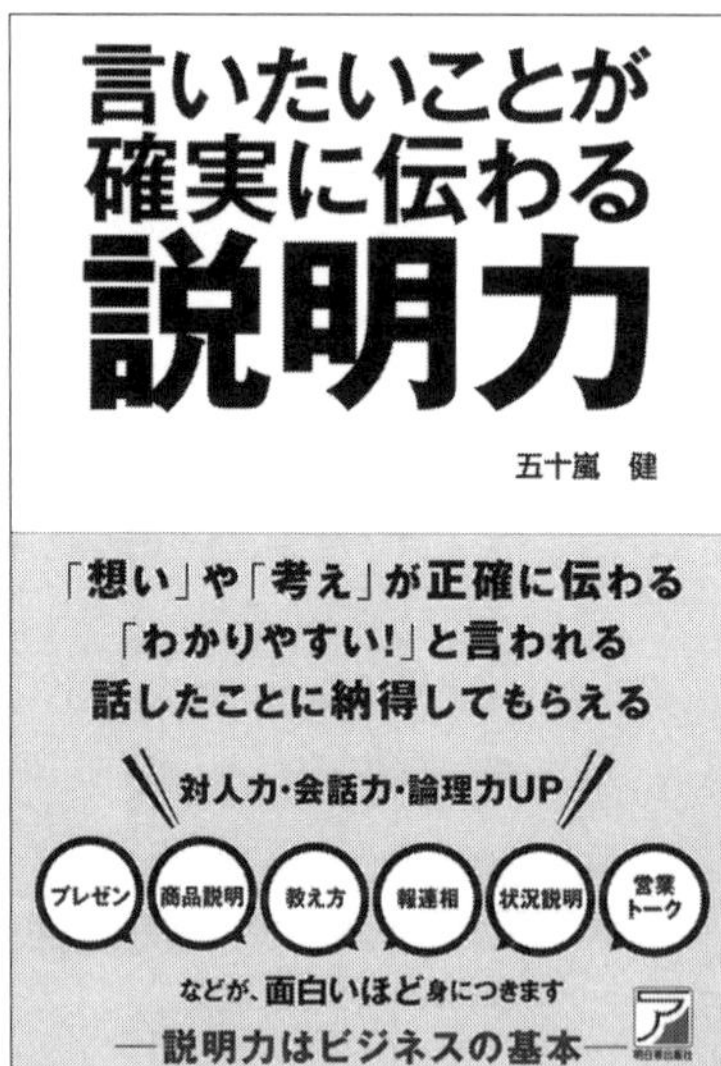

ISBN978-4-7569-1680-8
本体 1500 円+税　B 6判　224 ページ

説明する場面はビジネスシーンで多々あります。しかし説明の仕方が悪いと、言いたいことが伝わらない、自分の意図と違った意味で伝わるなどの問題が生まれてしまいます。難しいことでも簡単に説明できる方法を説いた指南書。

一流の「話し方」全技術

井上 健哉 著

ISBN978-4-7569-2053-9
本体 1500 円+税　B 6判　280 ページ

高水準で結果を出す人は話し方が違う。しっかり結果を残せるよう、相手によって話し方を変え、聞いてもらえるよう工夫をする。二十数年にわたり生保業界のトップランナーである著者が、仕事で使える話し方の極意を教える。

速攻！成果が上がる
話し方の技術

大嶋　利佳 著

ISBN978-4-7569-2016-4
本体 1400 円＋税　B 6 判　200 ページ

話しベタな人が「話し方」を改善するにはどうしたらいいのか、「即効で伝わる技術」を伝授！ 具体的に、①好感力　②説明力　③傾聴力　④説得力　⑤危機管理力　の５つの能力を高める実践的手法をひも解きます。「うまく」「はやく」伝えて　“ 評価が高まる会話術 ”　が身につく１冊です。